孔子의 이해

국립중앙도서관 출판예정도서목록(CIP)

공자(孔子)의 이해 / 왕쮜, 후성 편저 ; 정명기 옮김. — 서
울 : 다른생각, 2017
      p. ;   cm

원표제: 孔子
원저자명: 王玨, 胡勝
중국어 원작을 한국어로 번역
ISBN 978-89-92486-26-2 93140 : ₩15000

공자
중국 철학[中國哲學]

152.212-KDO6
181.112-DDC23   CIP2017006529

공자(孔子)의 이해

초판 1쇄 인쇄 2017년 2월 20일
초판 1쇄 발행 2017년 2월 25일

지은이 | 왕쮜(王玨), 후성(胡勝)
옮긴이 | 정명기
펴낸이 | 이재연

펴낸곳 | 다른생각
주소 | 서울 마포구 독막로 7길 60(4층)
전화 | (02) 3471-5623
팩스 | (02) 395-8327
이메일 | darunbooks@naver.com
등록 | 제300-2002-252호(2002. 11. 1)

ISBN 978-89-92486-26-2 93140
      값 15,000원

* 잘못된 책은 구입하신 서점이나 저희 출판사에서 바꾸어 드립니다.

인문학적 사유를 위한 유학 입문

孔子의 이해

왕줴(王珏), 후성(胡勝) 편저

정명기 옮김

다른생각

출간에 부쳐

중국 문화는 세계에서 가장 오래된 문화의 하나이자, 또한 중국 민족의 지혜의 결정체이다. 그 풍부한 내용은 중국의 문화를 중심으로 하는 통일성을 충분히 표현해 낼 뿐 아니라, 매우 뚜렷한 다민족의 특징을 띠고 있다. 중국 문화의 통일성은 중국 역사상 어떤 시점이든, 설사 수많은 정치적 분란이나 사회적 동요 속에서도, 분열하거나 와해되었던 적이 없는데, 그 민족성은 곧 중국의 넓디넓은 영토에서 형성된 다원화된 지역 문화와 민족 문화에서 표현된다. 그리고 유구한 역사의 기나긴 과정 속에서, 중국과 외국의 문화 교류가 빈번해짐에 따라, 중국 문화는 다시 수많은 외래의 우수한 문화를 흡수했다. 그것의 휘황찬란함은 철학·종교·문학·예술 속에서 구현되었으며, 그것의 매력은 중국 의학·음식·민속·건축 속에 담겨졌다. 수천 년 동안, 그것은 중국 민족에게 자양분을 공급했을 뿐만 아니라, 세계의 여타 지역의 역사와 문화에 대해서도 중요한 영향을 미쳤다.

오늘날, 갈수록 많은 사람들이 중국 문화에 대해 깊은 관심을 가지고 있다. 수많은 국가들에서 중국어를 배우는 열풍이 일어나고 있으며, 중국으로 오는 외국의 유학생들도 매년 1만 명 정도씩 늘어나고 있다. 근래에 일부 국가들은 또한 계속 '중국문화절' 행사를 거행하고 있어, 더

많은 외국의 친구들이 옛날과 현대의 중국을 이해하고 인식하려 하고 있다.

중국 민족의 우수한 문화를 펼쳐 보이고, 중국 문화와 세계 각국 문화의 교류를 위해, 우리는 이 〈중화 문화 총서〉(외국판 명칭은 〈용의 문화: 중국으로 다가가다〉)를 기획·편찬했다. 전체 총서는 중국어·영어·불어·일어·독어·스페인어를 사용하여, 중국과 외국의 독자들에게 중국 문화의 풍부한 내용을 펼쳐 보여준다. 서로 다른 영역으로부터 온 100여 명의 전문가와 학자들의 집필로 인해, 이렇게 화려하고 아름다운 중국 문화의 요소들이 더욱 섬세하고, 더욱 생동감 있고, 더욱 상세하며, 더욱 재미있게 해석될 수 있었다.

전체 총서는 『화하(華夏) 문명 오천 년』을 비롯하여 『공자』·『중국 고전폐(古錢幣)』 등 모두 36권으로 이루어져 있으며, 진실로 중국 문화의 다양한 면면들을 펼쳐 보여주는데, 필자들은 일반적인 생생한 언어로, 길지 않은 내용 속에, 글과 그림이 풍부하고 다채롭게 많은 역사·고사·전설과 재미있는 일화를 기술하고 있어, 풍부한 지식뿐 아니라 가독성도 뛰어나고 재미있다. 또 여러 나라 독자들의 독서 습관도 함께 고려하여, 중국 문화에 흥미를 가진 중국과 외국의 독자들이 읽기에 매우 적합하도록 구성했다.

　이 총서는 중국의 산동교육출판사(山東敎育出版社), 백화주문예출판사(百花洲文藝出版社)와 호남과학기술출판사(湖南科學技術出版社)가 연합하여 출판했다. 우리는 이렇게 중국 출판인들이 심혈을 기울인 풍성한 선물이 전 세계 독자들의 사랑을 받기를 진심으로 바란다.(이 내용은 편집자가 일부 내용을 축약하여 정리했다.)

기획 총책임 루샹즈(盧祥之)

2009년 1월

▲ 제공악무(祭孔樂舞): 공자에게 제사를 지내면서 연주하는 음악과 춤

孔子의 이해 / 차례

머리말

　우리가 이 책을 펼치는 주요 취지는 공자를 이해하려는 것이다. 그러나 진정으로 한 사람을 이해하는 것은 어려운 일이다. 중국 상고(上古) 시대의 제왕인 우(禹) 임금은 일찍이 "사람을 알아보면 명철하다.[知人則哲.]"고 말했다. 공자 본인도 또한 자신의 학생을 가르친 적이 있어서 충분히 "사람을 알아보는[知人]" 사람이었으므로, "현명하다[賢]"고 일컬어졌다. 지금 우리는 이러한 공자라는 고대의 성현(聖賢)을 알아보려고 하는데, 이는 분명히 쉽지 않은 일이다. 우리가 극복해야 할 것은, 시대의 단절과 문화의 차이가 만들어 내는 생소함, 그리고 널리 전파되어 있기는 하지만 완전히 사실과 부합되지는 않는 통속적 견해이다.

　우리가 지금 가장 자주 볼 수 있는 공자의 그림은 당(唐)나라 때(618~

907년)의 뛰어난 화가인 오도자(吳道子)가 그린 것이라고 전해지는데, 그 그림 속의 인물은 표정이 온화하고 태도가 단정한 모습의 한 노인이다. 이 나이가 많고 덕이 높은 형상은 확실히 유럽 문명이 처음 공자를 이해했던 모습과 일치한다. 계몽 시기의 학자 볼테르는 그의 저작에서 공자를 열렬히 찬양했다. 그는 공자가 중국의 도덕 교사(敎師)이며, 공자의 덕정(德政) 사상은 중국이 수천 년간 정치적으로 안정을 이루었던 기초라고 보았다.

"그 사람을 알려면 그 세상을 논해야 한다.[知其人, 論其世.]"고 했다. 이 말의 뜻은, 한 사람의 사상을 이해하려면 먼저 그 사람이 처한 시대와 그의 인생을 이해해야 한다는 것이다. 이 통찰력 있는 견해는 유가(儒家)의 또 다른 성현이자 공자 학설의 계승자인 맹자(孟子)가 한 말이다. 이는 마치 우리가 아테네의 정치를 이해하지 못한다면, 소크라테스가 받은 사형 판결이나 플라톤의 『파이돈(Phaidon)』을 이해하지 못하는 것과 같다. 그러므로 우리는 먼저 공자가 처해 있던 고대 세계에 대해서 고찰해야 한다.

▼ 〈공문제자도(孔門弟子圖)〉 (일부분)

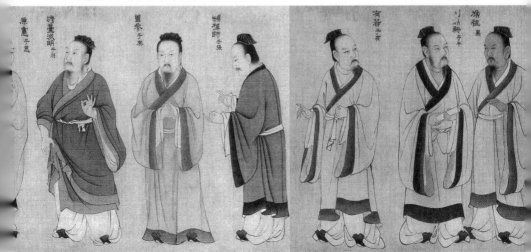

▲ 공자 (명)

1. 수많은 시련의 인생
공자의 생애

　공자의 학설은 복잡하고 세밀하지만, 그는 '술이부작(述而不作)'[1]을 주장하고 실천하여, 후세에 남긴 저술과 말이 결코 많지는 않다. 실제로 오늘날 공자에 대한 확실한 이해는 대부분 그 제자들이 정리한 책 한 권에 담긴 약 1만 2천 자의 어록과, 공자보다 3백 년 뒤에 살았던 한(漢)나라의 역사가 사마천(司馬遷)이 지은 공자의 전기(傳記)에 근거하고 있을 뿐이다. 그러나 이렇게 유산의 수량이 부족 매우 부족한 것을 감안한다며, 공자가 중국 문화에 미친 영향은 오히려 아무리 높이 평가하더라도 결코 지나치지 않다. 우리는 중국 문화의 모든 면이 공자의 가르침을 받았다고 말할 수는 없지만, 최소한 중국 문화의 가장 핵심적인 부분은 공자와 그가 창조한 유가(儒家) 학파가 만들어 낸 것이라고 말할 수 있다. 그런데 거기에는 중국인의 천도(天道)와 자연에 대한 관념, 인생과 정치에 대한 이상(理想), 문학과 심미(審美)에 대한 태도 등등이 포함되어 있다. 또한 바로 그러하기 때문에 공자는 후세의 추종자들에게 '지성선사(至聖先師)'라고 합당하게 불리게 되었다. 이 한 사람의 영향은 광활한 시공을 뛰어넘을 수 있었으며, 수많은 세대의 사람들로부터 존경받고,

---

1 술이부작(述而不作): 이전 시대의 문헌·기록과 옛 성현의 사상을 전할 뿐, 새로운
　주장을 만들어 내지는 않는다는 뜻

많은 사람들이 믿고 따르도록 할 수 있었는데, 세계 문명사에서 오직 몇 몇 소수의 사람들만이 이러한 성취를 이룰 수 있었다. 그의 제자인 안연 (顏淵)은 공자의 사상을 "우러러 볼수록 높기만 하고, 파고들수록 더욱 견고하기만 하다. 바라보면 앞에 있는 것 같지만, 홀연히 뒤에 있다.[仰之 彌高, 鑽之彌堅, 瞻之在前, 忽焉在後.]"고 말했는데, 이 말은 곧 그 깊고 넓음이 마치 무궁무진하다는 뜻이다. 이는 설령 아주 우수한 이 제자가 그 사상을 장악하려 해도 능력이 부족하여 뜻대로 할 수 없음을 느꼈다고 말한 것이다. 그런데 수천 년 뒤의 학생들인 우리들에 대해 말하자면, 이보다 더한 어려움이 있다고 할 수 있다. 공자의 또 다른 제자인 자

▼ 대성전(大成殿) 내의 공자상

공(子貢)은 일찍이 고대 시가 (詩歌)의 한 구절을 인용하여 다음과 같이 말했는데, 이 것은 언제나 공부할 때에 마땅히 갖추어야 할 태도를 표현하는 말로 사용되고 있다. "자른 듯하고 벼린 듯하며, 쪼은 듯하고 간 듯하다.[如切 如磋, 如琢如磨.]" 공부란 옥 (玉)을 다듬는 것처럼 인내심과 섬세함을 필요로 하는데, 이 배움의 과정 그 자체가 바로 성장하고 실천하는 유가 군자의 수양에 필요한 것이

다. 공자를 이해해 나가는 과정에서 이러한 태도는 우리에게도 필요한 것이다.

공자의 탄생

사마천의 『사기(史記)』와 기타 고대 전적(典籍)들에 있는 기록을 근거로 추산해 보면, 공자는 기원전 551년에 태어나서 기원전 479년에 세상을 떠났다. 이 때는 바로 중국 역사에서 춘추(春秋) 시대인데, 사실 '춘추'라는 이 이름은 바로 공자가 정리했던 노(魯)나라의 역사책 『춘추』에서 비롯되었다. 춘추 시대는 사회가 급격히 변화하는 시대였는데, 그 가장 큰 특징은 주(周)나라 왕권의 쇠퇴와 제후국들의 패권 다툼이었다. 중국의 상고 시대 역사는 아득하고 명확하지 않아서 전설과 신화와 역사가 혼합되어 있다. 역사서의 기록에 따르면 요(堯)·순(舜)·우(禹)라는 세 명의 성덕(聖德)을 갖춘 임금들이 통치한 후에 두 개의 통일 왕조, 바로 하(夏)나라와 상(商)나라가 이어서 일어났다. 기원전 11세기 무렵에 상나라의 마지막 임금인 주(紂)가 황음무도(荒淫無道)하여 민심을 잃자, 주나라 무왕(武王) 희발(姬發)이 이끄는 제후 연합군에 의해 전복되어, 상나라가 멸망하고 주나라가 그 뒤를 잇게 되었다. 주나라가 세워진 지 오래지 않아 또 다른 현신(賢臣)인 주공(周公)의 지지를 받아 동방에 여러 제후국들이 세워지게 되는데, 한편으로 이는 공이 있는 같은 성씨나 다른 성씨의 공신(功臣)들에게 상으로 준 것이며, 다른 한편으로는 이들의 힘을 빌어서 상나라의 잔존 세력을 억누르려는 것이었다. 주나라의 기본 정치 구조, 즉 주나라 왕권이 통치하는 봉건제는, 바로 이리하여 세워질 수 있었다. 이 제도 아래에서는 주나라의 천자가 천하의 주인이라는 지위를 누리면서, 그가 토지를 그의 친족이나 인척 혹은 신하들에게 주었고, 각 제후국들은 주나라 왕실의 통치에 복종하고 정치·경제 등 각 방면의 의무를 져야 했다. 이와 유사하게 제후국도 또한 그 영토를 그 자신의 신하들에게 분봉(分封)할 수 있었는데, 이들이 바로 대부(大夫) 계층으로, 이렇게 해서 신속(臣屬) 관계를 맺었다. 마찬가지로 대부에게는 또한 가신(家臣)이 있었다. 그들은 보통 사(士) 계층에 속했는데, 대부에게 봉지를 받을 수 있었으며, 대부로부터 통치를 받았다. 사 계층 이상부터가 주나라의 귀족 계층이었으며, 동시에 또한 당시의 통치계급이었다. 그들은 자신이 분봉 받은 나라를 다스려야 하는 책임이 있었으며, 동시에 행위 규범의 세약노 받았다. 이 규범이 바로 주례(周禮)이다. '예(禮)'는 중국 문화에서 내포하고 있는 뜻이 가장 많은 단어 중 하나인데, 간단하게 말하자면 그것은 사람의 사회적 지위 및 이와 관련이 있는 것들에 대한 권리·책임·행위 방식 등 여러 방면에 대해 규정한 것이다. 그 내용은 매우 넓고 사회생활의 여러 방면에 영향을 미치고 있어, 아주 사소한 것도 지나칠 수 없었으며, 심지어 매우 복잡하고 번거롭기도 했다. 그러나 예법 제도의 본질은 한 가지로 정리할 수 있는데, 바로 각 계층 사이의 높고 낮은 등급을 효과적으로 변함없이 오랫동안 유지시켜 나가려는 것이었다. 그러므로 봉건 제도는 주나라 정치 제도의 외적인 표현이며, 예법 제도는 그 근본적인 정신이라고 할 수 있다. 봉건 제도는 주나라 왕조에서 효과적으로 수백 년 동안 시행되었지만, 공자가 태어나던 그 시대에는 외적인 봉건 제도뿐만 아니라, 내적인 예법 정신마저도 극심한 사회 변화로 인해 크게 동요하고 있었다. 당시는 왕의 권위가

추락하고 예법이 붕괴하던
시대였다.

춘추 시대로 접어들 무렵
주나라 왕실은 내우외환으
로 그 형세가 매우 위태로
웠다. 주나라 주위에는 커
다란 야만족 세력이 있었는
데, 그들은 폄하하는 의미
에서 만(蠻)·이(夷) 혹은 적
(狄)·융(戎)이라는 이름으로
불렸다. 이 야만족들의 형
세는 마치 로마 시대에 다뉴
브 강 건너편에 있던 게르만

▲ 주공(周公)

족과 같아서, 때로는 주나라 내부를 엿보기도 하고, 빈번하게 군대를 동
원하여 침입하기도 했다. 수년간의 전쟁으로 주나라의 국력은 쇠퇴했는
데, 주나라 통치자 자신의 부패와 타락은 이러한 형세를 더욱 가속화했
다. 주나라의 수도는 원래 호경[鎬京, 지금의 산시성(陝西省) 시안(西安)]이었
는데, 기원전 8세기에 견융(犬戎)의 침략으로 호경이 함락되었다. 그리하
여 당시 국왕이었던 유왕(幽王)은 피살되고, 왕실 국고의 각종 문물들이
허공으로 사라지게 되었다. 이러한 상황에서 왕위를 계승한 평왕(平王)
은 호경에서 정권을 유지할 수 없게 되자, 어쩔 수 없이 기원전 770년에
수도를 낙읍[洛邑, 지금의 허난성(河南省) 뤄양(洛陽)]으로 옮겼다. 이 때 서
주(西周)가 멸망하고 동주(東周)가 세워졌으며, 중국 역사는 정식으로 춘

추 시대로 접어들게 된다.

주나라 왕실의 외환(外患)은 그 내부의 위기를 더욱 가중시켰다. 왕권 세력이 약해지자 자연스럽게 제후국에 대한 통제력이 약해져서, 주나라 왕실이 낙읍으로 수도를 옮길 때에는 진(秦)·진(晉)·정(鄭)·위(衛) 등 제후국들의 협조에 의지해야만 했다. 그리고 주나라 왕이 낙읍의 통치를 유지해 나가려면 반드시 진(晉)·정·우(虞)·곽(虢)·신(申)·여(呂) 등 여러 제후국들의 호위에 의지해야 했다. 시간이 지나자 주나라 왕실은 천하의 주인에서 다른 사람에게 의지해야 하는 허약

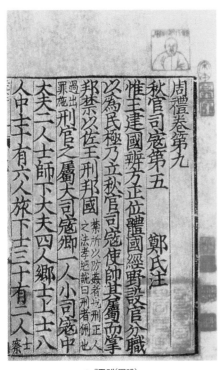

▲ 『주례(周禮)』

한 정권으로 바뀌었는데, 이는 필연적인 결과였다. 기원전 707년에 전쟁이 발발하자, 정나라 군대는 주나라 왕·곽·채(蔡)·위·진(陳) 등의 제후국들로 구성된 연합군을 무찔렀으며, 정나라의 장군은 심지어 활을 쏘아 주나라 항왕(恒王)의 왼쪽 어깨에 상처를 입히기까지 했다. 역사서에서는 이 전쟁을 '수갈의 전투[繻葛之戰]'라고 하는데, 이는 주나라 왕권의 쇠락을 철저하게 선고한 것이었다. 이것은 단지 하나의 정치·군사적 실권의 쇠퇴 및 발전의 문제가 아니라, 주나라 예법 제도의 붕괴를 예고한 것이었다. 기존의 임금과 신하 혹은 존귀하고 비천한 신분 관념은 더 이상 존중되거나 지지를 받을 수 없었다. 이 때부터 큰 나라가 작은 나

라를 침범하고, 제후가 왕
실을 모욕하고, 대부가 제
후를 죽이고, 가신이 대부
를 능멸하는 일들이 춘추
시대에서 더 이상 낯선 것
이 아니게 되었다. 그 예로
정나라에서 주나라 왕실
군대에 승리를 거둔 이후
에 곧바로 변란이 발생한
것을 들 수 있다. 정나라의
신하 채중(蔡仲)이 송(宋)나

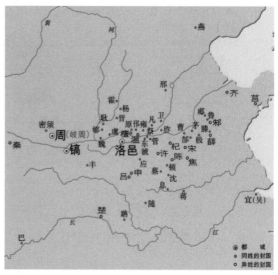

▲ 주나라 초기 제후국들의 분포

라의 협박을 받아, 정나라 소공(昭公)을 축출하고 새로운 임금인 여공(厲公)을 옹립했다. 그러나 얼마 지나지 않아 채중은 또 한 번의 내란을 일으켜, 여공을 쫓아내고 다시 소공을 불러들여 임금으로 삼았다. 그러나 소공은 오랫동안 권력을 유지하지 못하고, 곧 바로 태자 시절부터 사이가 나빴던 또 다른 신하인 고거미(高渠彌)에게 피살당했다. 정나라는 이러한 혼란을 거치면서 국력이 크게 쇠퇴했다. 공자의 고국인 노(魯)나라는 일찍이 공자가 출생하기 전에 이미 은공(隱公)과 민공(閔公)이 권신(權臣)에게 피살당했다. 게다가 태자를 세우기 위한 싸움으로 인해 여러 사람들이 살육당하는 일이 매우 잦았다. 그 나머지 제후국들, 예를 들어 제(齊)·진(晉)·송 등에서도 이와 유사한 사건들이 끊임없이 발생했다. 사마천은 「태사공자서(太史公自序)」의 마지막 부분에서 다음과 같이 언급하고 있다. "『춘추』의 내용 가운데 임금이 시해당한 경우는 36차례, 나라가 망한 경우는 52차례, 제후가 쫓겨나 사직을 보존하지 못한 경우는 그 수를 헤아릴 수 없다. 그 연유를 살펴보면 모두 그 근본을 잃었을 따름이었다.[『春秋』之中, 弑君三十六, 亡國五十二, 諸侯奔走不得保其社稷者, 不可勝數. 察其所以, 皆失其本已.]" 이를 통해 당시의 사회가 혼란스러웠던 정도를 알 수 있다. 이러한 혼란은 바로 주나라 예법 제도의 쇠락과 서로 표리 관계에 있었다. 공자는 이 시대의 혼란에 대해 다음과 같이 말했다.

> "천하에 도(道)가 있으면, 예악(禮樂)과 정벌(征伐)이 천자로부터 나온다. 천하에 도가 없으면, 예악과 정벌은 제후로부터 나온다. 제후로부터 나오게 되면 대개 10대 안에 정권을 잃지 않는 경우가 드물고, 대부로부터 나오면 5대 안에 정권을 잃지 않는 경우가 드물고, 대부의 가신이 나라의 정권을 잡으면 3대 안에 정권을 잃지 않는 경우가 드물다. 천하에 도가 있으면, 정권은 대부에게 있지 않다. 천하에 도가 있으면, 일반 백성들이 정치 문제를 논의하지 않는다.[天下有道, 則禮樂征伐自天子出, 天下無道, 則禮樂征伐自諸侯出. 自諸侯出, 蓋十世希不失矣, 自大夫出, 五世希不失矣. 陪臣執國命, 三世希不失矣. 天下有道, 則政不在大夫, 天下有道, 則庶人不議.]"

공자는 정치가 바르고 나라가 안정된 시기에는 정치 권력을 천자가 장악하고 있지만, 난세에는 나라의 권력을 제후나 대부, 심지어 그보다 더욱 등급이 낮은 가신들이 장악하게 되고, 그들이 국정을 장악하면 매우 위험하다고 보았다. 분명히 공자가 살았던 시대는 바로 "천하에 도가 없는[天下無道]" 시대였으므로, 어떻게 하면 "천하에 도가 없고" 정치가 사사로운 집단의 손아귀에 있는 이러한 상황을 바로잡을 수 있을 것인

▲ 곡부(曲阜)에 있는 노나라 고성비(故城碑)

가 하는 것이 공자가 평생 동안 몰두했던 중요한 문제였다. 이것은 공자의 사상이 형성된 현실적인 기반이었으며, 동시에 또한 우리가 이 성현을 이해하는 올바른 길이라고 할 수 있다.

공자의 이름은 구(丘), 자(字)는 중니(仲尼)이며, 춘추 시대 노나라(지금의 산동성) 사람이다. 이름을 '구'라고 지은 까닭은, 그의 정수리 모양이 흡사 산언덕처럼 생겼기 때문이라고 전해진다. 고대에는 자주 '자(子)'라는 칭호로써 덕이 높은 사람을 존숭하기도 했는데, 그런 연유로 사람들이 보통 공구를 공자라고 칭하게 되었다. 노나라는 주나라 시절에 가장 중요한 제후국 중 하나로, 처음에는 주나라 무왕(武王)의 동생인 주공(周公) 단(旦)의 봉국(封國)이었다. 주공 단은 보통 주공이라고 불린다. 그는 유학자들에 의해서 고대의 성현으로 칭송받는데, 주나라의 예법 제도는 바로 그가 창조한 것이라고 전해진다. 아마도 바로 이러한 선조의 영향으로, 노나라는 주나라 시절 각 제후국들 중에서도 문물 제도가 가

▲ 궐리(闕里)의 패방(牌坊): '궐리'는 공자가 태어난 동네의 이름이며, 패방이란 중국 고유의 건축물로 서, 문짝이 없고, 위에 망대가 있는 커다란 문을 가리키는데, 성인이나 충신 등을 기리기 위해 세우 는 문이다.

장 잘 보존되어 있기로 유명했다. 또 다른 고대 역사서인 『춘추좌씨전(春秋左氏傳)』의 기록에 따르면, 노나라 양공(襄公) 재위 시절에 오(吳)나라 의 계찰(季札)이 와서 예(禮)를 관찰했는데, 노나라는 악공(樂工)들로 하여금 그를 위해 많은 주나라 음악을 연주하게 하면서, 순(舜)·우(禹)·문왕(文王)·무왕(武王)을 제사지내는 악무(樂舞)를 사용했다고 한다. 노나라 소공(昭公) 재위 시절에는 진(晉)나라의 한선자(韓宣子)가 노나라에 사신으로 왔는데, 사관(史官)이 있는 곳에 가서 『역상(易象)』과 『노춘추(魯春秋)』를 보고는 감탄하면서 말하기를, "주나라의 예는 노나라에 다 있다. 나는 오늘 주공의 덕과 주나라가 왕 노릇을 하는 연유를 알았다.[周禮盡在魯矣. 吾今知周公之德與周之所以王也.]"고 말했다. 노나라는 상당히 많은 선대(先代)의 문화유산을 보존하고 있었고, 이는 공자가 주나라의 예악제도를 이해하는 데에 큰 도움이 되었음을 알 수 있다.

공자의 어린 시절

공자의 성장 과정은 결코 순탄치 않았다. 비록 노나라 사람이기는 했지만, 공자는 희(姬: 주나라 왕실 및 노나라 임금의 성씨)씨 성(姓)이 아니었다. 게다가 공자의 가세(家世)는 결코 화려하다고 할 수도 없었다. 그의 선조는 제후국인 송나라의 귀족이었으며, 은(殷: 상나라) 왕족의 후예였다. 그러나 춘추 시대 무렵에 이 가문의 상황은 확실히 예전과 같지 않았다. 공자의 5대조인 목금보(木金父)는 송나라의 내란을 피해서 노나라로 도망쳐 왔고, 그 때부터 노나라에서 살게 되었다. 공자의 아버지 세대에 이르러서는 가족의 사회적 지위는 이미 낮고 별 볼일 없게 되었다. 공자의 아버지 숙량흘(叔梁紇)은, 역사서의 기록에 따르면 용감하기로 이름을 떨친 무장(武將)이었다. 적지 않은 전공을 세웠지만 평생 추읍(陬邑)이라는 지역의 대부(大夫)에 불과했다. 공자의 어머니는 안(顔)씨 성(姓)을 가졌는데, 사마천의 기록에 따르면 그녀와 숙량흘의 결합은 당시의 예법 규범에 크게 부합하지는 않았음을 암시하고 있다.[『사기』 「공자세가(孔子世家)」에는 "숙량흘과 안 씨의 딸은 야합(野合)하여 공자를 낳았다(紇與顔氏之女野合而生孔子)"고 기록되어 있다.] 공자가 태어나고 오래지 않아 그의 아버지가 세상을 떠났다. 어머니가 말해 주지 않았기 때문에 공자는 오랫동안 숙량흘의 무덤이 어디에 있는지도 알지 못했다. 어머니가 세상을 떠난 이후에야 추읍 사람들이 알려 주어 아버지의 무덤을 찾았고, 어머니와 합장했다. 이러한 기록은 우리들에게 공자의 출신이 변변치 못하고 가난했음을 시사해 준다. 비록 확실한 기록은 아닐지라도, 짐작하여 미루어 보건대, 가난한 가정 환경과 의심스러운 출신은 공자가 성장하

▲ **균천강성(鈞天降聖)**: 공자가 탄생할 때 어머니인 안징재(安徵在)의 방에서, 구천(九天)의 하나인 균천(鈞天)의 풍악 소리가 들렸다고 하는데, 이는 하늘이 성인의 탄생을 축복하여 화락한 음악을 들려 주어 위로했다는 전설이다.

는 데에 여러 가지 어려움을 야기했을 것이다. 사마천의 『사기』에는 다음과 같은 이야기가 있다. 노나라의 권세 있는 가문인 계손씨(季孫氏)가 잔치를 열어 사(士)들을 초대했는데, 공자도 거기에 참석하고 싶어 했다. 그러나 계손씨의 가신인 양호(陽虎)는 공자가 들어오지 못하게 막았다. 그 이유는 공자가 사 계층에 속하는 사람이 아니라는 것이었다. 이 이야기는 어린 시절의 공자가 처한 환경과 상황이 상당히 어려웠음을 알 수 있게 해준다.

비록 그렇다 하더라도 공자는 일찍이 어린 시절부터 보통 사람과는 다른 특별한 자질을 드러냈다. 사마천의 『사기』 기록에 따르면, 공자는 어린 시절부터 항상 제사를 모방하여 조(俎)와 두(豆)[조는 예기(禮器)로서, 네 개의 다리가 달린 탁자와 비슷한 모양이다. 두는 고대의 식기(食器)로서, 높은 다리가 달린 쟁반처럼 생겼다] 등의 예기들을 늘어 놓고 절하는 예절을

▲ 조두학례(俎豆學禮): 공자가 어린 시절에 친구들에게 제사지내는 것을 가르쳐 주며 놀고 있는 모습

연습했다고 한다. 중국 고대 문화에서는, 이처럼 어려서부터 총명했다는 표현이 왕왕 '공자는 숙명적으로 성인(聖人)이 될 것'으로 여겨지는 상징이라고 이해했다. 그리고 우리는 이를 통해 노나라의 풍부한 예악 문화 유산이 공자의 어린 시절에 그에게 깊은 영향을 주었음을 추측해 볼 수 있다. 『논어(論語)』에서 공자는 자기 자신에 대해 "15세에 배움에 뜻을 두었다[十有五而志于學]"고 말했는데, 이 때의 '배움[學]'은 당연히 어린 시절에 예법과 의식을 따라 하며 놀던 방식의 수준 낮은 모방이 아니라, 전통 문화에 대한 체계적인 학습이었다. 공자는 배우기를 매우 좋아했던 사람이다. 그는 일찍이 자기 자신에 대해 평가하기를, 충성이나 신용과 같은 우수한 자질은 많은 사람들이 자신보다 뒤떨어지지 않지만, 배우기를 좋아한다는 이 방면에서는 자신이 가장 우수할 것이라고 했다[『논어』「공야장(公冶長)」: 十室之邑, 必有忠信如丘者焉, 不如丘之好學也]. 이렇게 배움을 좋아하는 태도는 분명히 그로 하여금 학문에 정진하도록 했

▲ 노나라의 고성 성벽

으며, 그에게 상당한 명예를 가져다 주었다. 노나라의 지위가 아주 높은 귀족인 맹리자(孟釐子)는 중병에 걸려 목숨이 위급할 때, 자신의 아들 맹의자(孟懿子)에게 말하기를, 공자에게 가서 학문을 배우라고 부탁하기도 했다. 왜냐하면 공자는 성인의 후손일 뿐만 아니라, 또한 "나이가 어리지만 예법을 잘 알고[年少知禮]" 있었으므로, 장래에 반드시 큰일을 이룰 것으로 믿었기 때문이다.

청소년 시기의 공자

어린 나이에 예법을 잘 알고 있다는 것이 결코 사회적 지위가 높아지다거나 혹은 벼슬길이 순탄하다는 것을 의미하지 않았다. 청년 시기의 공자에 관한 우리의 인식은 역사 자료 기록의 불일치로 인해 모호하기도 할 뿐만 아니라, 심지어 모순되기도 한다. 예를 들어 수백 년 후 진 (晉)나라의 왕숙(王肅)이 편찬한 『공자가어(孔子家語)』의 기록에 따르면, 공자가 19세에 아내 기관씨(亓官氏)에게 장가들었고, 1년 뒤 첫째 아들 을 얻었다고 한다. 당시 노나라의 임금 소공(昭公)은 사람을 시켜 잉어 한 마리를 보내 축하해 주었는데, 이 영광스러운 일을 기념하기 위해 공 자는 자기 아들의 이름을 '리(鯉, 잉어)'로, 자(字)를 백어(伯魚)로 지었다 고 한다. 이 기록을 보면, 공자의 명성을 노나라 임금도 알고 있을 정도 였으니, 그는 마땅히 전도유망한 인재였을 것이다. 그러나 사마천의 『사 기』와 맹자(孟子)의 저작에서 언급하기로는, 공자는 비교적 낮은 관직으 로 벼슬길을 시작했다고 한다. 그가 처음으로 맡은 벼슬은 '위리(委吏)'였 으며, 그 다음에는 '승전(乘田)'이었다고 한다. 전자의 직책은 창고를 관리 하는 것이었으며, 후자는 사람들에게 그다지 중요하게 여겨지지 않는 낮 은 관직이었다. 공자는 나중에 이 시절을 떠올리며 "나는 젊을 때 미천 하여, 천한 일에 능했다.[吾少也賤, 故多能鄙事.]"(『논어』「자한(子罕)」)고 말 했다. 이 두 개의 관직은 비록 반드시 "천한 일[鄙事]"이라고 할 수는 없 었지만, 결코 공자로 하여금 진정으로 원래의 가난하고 낮은 신분의 상 태에서 벗어나게 해 주지는 못했다. 공자는 이 두 관직에 있으면서 열심 히 일했으며, 업무 성과도 매우 우수했다. 그러나 그의 재능에 대해 말 하자면, 이것들은 분명히 매우 좁은 무대였다. 하지만 공자의 청년 시절 정치적 활동에 대해 우리가 알고 있는 것은 단지 이것뿐이다. 실제로 공 자가 51세 되었을 때, 노나라에서 '중도재(中都宰)'가 되었고, 52세에 소사 공(小司空)으로 진급했으며, 다시 대사구(大司寇)로 진급하기 전에, 그가 노나라의 정치에 대해 영향을 미친 내용은, 역사 기록에서 어떠한 흔적

▲ 공자의 아들 공리(孔鯉)가 탄생한 모습을 그린 그림

도 찾아볼 수 없다.

비록 벼슬길에서 결코 순조롭지는 않았지만, 청년 시절 노나라에서 벼슬을 했던 수십 년간은 의심할 여지없이 공자의 학술·사상 방면에서 점진적으로 성숙해지는 시기였다. 공자가 만년(晩年)에 자신의 인생에 대해 결산하기를, "나는 15세에 배움에 뜻을 두었고, 30세에 자립했다. 40세에 미혹(迷惑)되지 않았고, 50세에 천명(天命)을 알았고, 60세에 말을 들으면 그 말의 은미한 뜻을 알았고, 70세에는 마음이 하고자 하는 대로 따랐으되 법도를 넘지 않았다.[吾十有五而志於學, 三十而立, 四十而不惑, 五十而知天命, 六十而耳順, 七十而從心所欲不踰矩.]"[『논어』「위정(爲政)」]고 했다. 이것은 개인의 수양이 점진적으로 발전해 나가서 마침내 성숙한 경지에 이르는 과정이다. 고대의 학자들은 "30세에 자립했다"는 것은 전통 경전에 대한 철저한 학습을, "40세에 미혹되지 않았다"는 것은

▲ **직사위리(職司委吏)**: 공자가 성년이 된 다음, 계손씨 집안의 곡식 창고 관리인이 되어 일하는 모습을 그린 그림

지혜의 굳건해짐과 침착함을, "50세에 천명을 알았다"는 것은 공자가 이미 하늘과 사람 사이를 주재(主宰)하는 최종 규율인 천명을 깨달았음을 나타낸다고 해석했다. 비록 이것은 결코 군자가 하는 수양의 최종 단계는 아니지만, 50세에 이 경지에 이르렀다는 것은 족히 사람들로 하여금 감탄하게 할 만하다. 이 때에도 공자는 여전히 배움을 좋아하는 습관을 갖고 있었다. 『좌전(左傳)』의 기록에 다음과 같은 이야기가 있다. 노나라 소공(昭公) 17년(기원전 525년)에 담(郯)나라의 담자(郯子)가 노나라의 임금을 알현했다. 그는 연회 자리에서 상고 시대의 임금 호씨[皞氏: 복희씨(伏羲氏)]가 새 이름으로 관리들의 호칭을 정한 문제에 대해 상당히 수준 있는 견해를 발표했는데, 공자는 이 이야기를 듣자 곧바로 담자에게 가르침을 청했다. 『사기』에는 또한 공자가 사양(師襄)이라는 거문고 선생에게 거문고 타는 법을 배웠다는 이야기가 기재되어 있다. 이 과정에서 공

▲ 공자가 스승인 사양자(師襄子)에게 거문고를 배우는 모습

지는 학습에서 근면함과 인내심, 그리고 보통사람을 뛰어넘는 통찰력을 드러냈다. 그는 우선 악곡의 '수(數)'를 이해하고, 이어서 악곡의 '지(志)'를 깨달았으며, 마지막에는 악곡을 통해서 지은 사람의 인격을 판별했다. 공자는 이 악곡의 작자가 반드시 주나라의 현군(賢君)인 문왕일 것이라고 판정했는데, 이것은 사양이 자신의 스승에게서 들은 해석과 같았다. '음악[樂]'은 주나라 예악 제도의 중요한 부분인데, 이 이야기를 통해 공자의 음악에 대한 뛰어난 재능과 훌륭한 수양(修養)을 잘 알 수 있다.

공자가 스승을 찾아다니며 배움을 구한 이야기들 가운데, 가장 유명한 것은 당연히 그가 노자(老子)를 만난 일일 것이다. 노자의 성(姓)은 이(李), 이름은 이(耳), 자(字)는 담(聃)이며, 중국 고대의 또 다른 저명한 학파인 도가(道家)의 창시자이다. 그와 공자가 중국 고대 사상사에서 차지하고 있는 지위는 바로 유럽의 플라톤과 소크라테스가 차지하고 있는 것에 비견할 수 있으므로, 그들의 만남과 교류는 자연히 중요한 사상계의 사건이라 할 수 있다. 『사기』의 기록에 따르면, 공자와 그의 제자가 노나라 임금의 후원으로 주나라 왕실을 방문했는데, 그 곳에서 장실사[藏室史, 주하사(柱下史)라고도 하는데, 주나라 왕실이 소장하고 있는 서적을 관리하는 관직이다.] 일을 담당하고 있던 노자를 만났다고 한다. 공자는 노자에게 '예(禮)'에 대해 가르침을 청했고, 노자는 그에게 도움이 되는 말을 해 주었다. 노자의 말은 대체로 공자를 훈계하는 것이었는데, 과도하게 자신의 재능을 드러내는 것은 재앙을 불러오며, 험난한 세상에서 자신의 몸을 잘 지켜야 한다는 것이었다. 이후 공자는 자신의 제자에게 노자를 칭찬하면서 말하기를, "새는 날 수 있고, 물고기는 수영을 할 수 있으며, 들짐승은 달릴 수 있지만, 이들은 모두 사람에게 잡힌다. 용(龍)은 풍운(風雲)을 타고 하늘을 날지만, 그에 대해서 나는 알지 못한다. 오늘 내가 노자를 만나 보니 그는 마치 용과 같았다![孔子去, 謂弟子曰: 鳥, 吾知其能飛, 魚, 吾知其能遊, 獸, 吾知其能走. 走者可以爲網, 遊者可以爲綸, 飛者可以爲矰. 至於龍吾不能知, 其乘雲氣而上天. 吾今日見老子, 其猶龍邪!]"고 했다. 노자를 용이라고 한 것은 분명히 최고의 칭찬인데, 특히 이 평가가 공자의 입에서 나온 것이니 이는 흔치 않은 일이었다. 실제 노자는 중국 고대의 가장 신비로운 학자라고 할 만한데, 그의 출신과 삶 및 그의 간단하지만 심오한 저술인 『도덕경(道德經)』을 둘러싸고 있는 것은 모두 신화적인 색채가 짙은 이야기들뿐이다. 또한 노자가 세운 학파인 도가는 역사적으로 종종 유가(儒家)와 반대되는 모습으로 출현한다. 도가의 학자가 공자에 대해 서술하는 것은, 언제나 단지 그들의 이야기에서 공자를 비판당하고 논박당하는 대상으로 삼고 싶어 했기 때문인데, 어떤 때는 공자가 매우 난처한 상황에 처하기도 했다. 예를 들어 춘추 시대 이후 전국 시

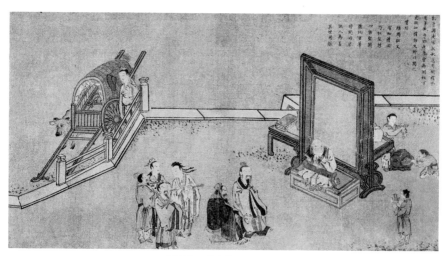

▲ 공자가 노자에게 예를 묻는 장면

대에 출현한 도가의 저작인 『장자(莊子)』에도 『사기』처럼 공자가 처음으로 노자를 만난 이야기가 기재되어 있는데, 이 책에서 묘사하고 있는 공자의 모습은 그야말로 마치 어린 학생인 듯하여, 노자 앞에서 매우 황송해하고 노자의 학설에 깊이 감복한다[『장자』「천운(天運)」]. 이렇게 자신의 학파를 높이는 것을 목적으로 한 이야기들은 당연히 조작된 것이다. 아마도 바로 이러한 이유 때문에 현대의 많은 학자들은 모두 공자와 노자의 만남이 실제로 있었는지에 대해서 의심을 품고 있다. 『사기』의 작자인 사마천이 살았던 것도 도가 사상이 성행하던 시대이니, 그도 어쩌면 도가 계통의 서적에서 이 만남에 대해 알게 되었을 것이다.

그러나 설령 이 이야기가 진실인지 거짓인지 판별할 수는 없다 하더라도, 이로부터 우리는 공자가 제자를 길러 내기 시작했고, 이 때 공자는 이미 점차 배우는 사람에서 교육자로 변해 가고 있었음을 알 수 있다. 세계 각국의 위대한 인물들과 마찬가지로, 공자의 탁월한 식견과 박

학다식함은 필연적으로 그를 위해 자발적으로 추종하는 많은 학생들을 데려왔는데, 이 학생들은 장차 미래의 세월 동안에 그들의 스승과 함께 유학(儒學)의 육예(六藝)를 연구하고 익히며, 함께 여러 가지 변고를 겪으면서, 그 세월 동안의 기쁨과 슬픔, 심지어 비통함까지도 같이 나누게 된다. 그들과 그들의 후예들은 마침내 중국 고대 사상 가운데에서 가장 지배력을 갖춘 유가 학파를 형성했으며, 그들의 업적은 공자를 '지성선사(至聖先師)'로 만들었고, 위대한 교육가라는 명성을 성취해 내도록 만들었다. 만약 우리가 『사기』의 기록을 신뢰한다면, 공자는 17세 때에 이미 추종자가 있었으며(바로 윗글에서 언급한 '맹의자'이다. 그러나 또 다른 역사서에는 이 사건이 이보다는 더 늦게 있었던 일이라고 기록하고 있다.), 선진(先秦) 시기의 역사서인 『좌전』에서는 노나라 소공 20년(기원전 522년)에 분명하게 공자의 제자인 금장[琴張: 자장(子張)]에 대해 기재하고 있는데, 이 때 공자의 나이는 31세였다. 분명히 말할 수 있는 것은, 바로 이 시기부터

▲ 『장자(莊子)』

공자는 제자들을 가르치기 시작했고, 수많은 제자들이 빠르게 모여들었으며, 마침내는 『사기』에서 말하고 있듯이 "제자들이 대략 3천 명이며, 육예에 능통한 자는 72명[弟子蓋三千焉, 身通六藝者七十有二人]"이라는 방대한 규모를 형성하게 되었다는 사실이다. 고대 세계에서 이는 매우 놀라운 성취였다. 공자와 그의 제자들 사이에서는 수없이 많은 훌륭한 대화와 사람들을 감동시키는 이야기가 나왔는데, 이는 뒤에서 계속 언급하게 될 것이다.

노나라에서 벼슬을 하기 전의 공자에게 언급할 만한 가치가 있는 일은, 그가 제(齊)나라를 방문해서 제나라의 임금 경공(景公)과 여러 차례 교류를 가진 것이다. 공자가 노나라를 떠나 제나라를 방문한 이유는, 노나라 임금과 대부들 사이에 있었던 갈등과 관련이 있다. 당시 노나라에는 권신(權臣) 가문 셋이 있었는데, 계손씨(季孫氏), 맹손씨(孟孫氏), 숙손씨(叔孫氏)가 바로 그들이다. 이들 세 가문은 원래 모두 노나라 환공(桓公)의 후손들이었기 때문에, '삼환(三桓)'이라고 불렸다. 춘추 시대에 많은 제후국들의 상황과 유사하게, 이들 세 가문의 세력은 점점 커지고 팽창하여 노나라 임금의 이익을 침탈하기 시작했으며, 본분을 뛰어넘어 군주의 예의(禮儀)를 사용하기도 했다. 분명히 이는 필연적으로 노나라에 잠복해 있는 내란의 씨앗이 되었다. 노나라 소공 25년(기원전 517년)에 계손씨의 계평자(季平子)와 또 다른 노나라 귀족 후씨(郈氏)가 닭싸움으로 인해 쟁투를 벌였다. 노나라 소공은 후씨의 편을 들어, 군대를 보내 계손씨를 평정하고자 했다. 두 편의 군대가 대치하고 있을 때, 소공은 계평자의 화평 제안을 세 차례나 거절했는데, 이는 노나라 임금이 확실히 이 기회를 빌려 나라의 큰 근심을 제거하려는 속셈이 있었음을 알

▲ 공자 강학도(講學圖)

게 해준다. 이처럼 강경한 태도는 또 다른 두 호족 가문(맹손씨와 숙손씨)의 우려를 불러일으켰으며, 마침내 '삼환'이 연합하여 노나라 소공의 군대를 무찌르자, 소공은 제나라로 도망쳤다.

바로 이런 내란이 일어난 상황에서 공자는 노나라를 떠나 제나라로 갔다. 공자가 이 내란에 말려들었는지의 여부를 우리는 분명하게 알 수 없는데, 어쩌면 그는 단지 난을 피하기 위해 모국을 떠났을지도 모른다. 그러나 아마도 그는 계손씨 가문의 작태를 싫어했기 때문에 임금을 따라 멀리 다른 나라로 떠나려고 결심했을 것이다. 우리는 노나라의 권세 있는 이들 세 가문에 대한 공자의 태도가 줄곧 상당히 단호했다는 사실을 알고 있다. 『논어』에는 공자가 '삼환'에 대해 비판한 내용이 매우 많이 기록되어 있는데, 그 유명한 "뜰에서 팔일무(八佾舞)를 추는데, 이것을 용인한다면 누군들 용인하지 못 하겠는가?[八佾舞於庭, 是可忍也, 孰不可忍也?]"와 같은 분노 어린 성토는, 바로 계손씨가 본분을 뛰어넘어 천자의 악무(樂舞)를 함부로 사용한 행위에 대해 한 것이다. 그러므로 우리는 공자의 이 내란에 대한 태도를 어렵지 않게 추측해 볼 수 있다.

　공자는 제나라에서 경공과 대화하면서 자신의 정치적 관념을 더욱 상세하게 표명했다. 그들의 대화는 『사기』에 다음과 같이 기록되어 있다. "경공이 공자에게 정치에 대해 묻자, 공자는 다음과 같이 대답했다. '임금은 임금답고, 신하는 신하답고, 아버지는 아버지답고, 자식은 자식다워야 합니다.' 그러자 경공이 말했다. '좋은 말씀이오! 정녕 만일 임금이 임금답지 못하고, 신하가 신하답지 못하고, 아버지가 아버지답지 못하고, 자식이 자식답지 못하다면, 비록 곡식이 있다 해도 내가 어찌 그것을 얻어서 먹을 수 있겠소![景公問政孔子, 孔子曰: '君君, 臣臣, 父父, 子子.' 景公曰: '善哉! 信如君不君, 臣不臣, 父不父, 子不子, 雖有粟, 吾豈得而食諸!]"(『사기』 「공자세가」) "君君, 臣臣, 父父, 子子(임금은 임금답고, 신하는 신하답고, 아버지는 아버지답고, 자식은 자식답다)"는 비록 여덟 글자에 불과하지만, 그것이 말해 주고 있는 것은 바로 이 시대의 가장 엄중한 위기이다. 즉 주나라 왕실과 제후국 세력의 소멸과 성장, 제후국 내부에서 제후 가문과 권세 있는 가문들 사이의 모순, 춘추 시대 내내 지속된 내란과 전쟁인데, 여기에는 노나라 소공으로 하여금 나라 밖으로 망명하게 했던 노나라의 내란 상황도 포괄하고 있으니, 이것들은 모두 고유의 신분 제도가 멸시당하고 뒤집힌 결과가 아니겠는가? 제나라 경공이 답하며 좋다고 말한 것은 결코 예의상 했던 대답이 아니라, 의기투합하고 느낀 바가 있어서 말한 것이었다. 실제로 이 때의 제나라 또한 국내의 전씨[田氏, 진씨(陳氏)] 세력이 나날이 팽창하는 위협에 직면하고 있었다. 제나라 경공이 세상을 떠나고 얼마 되지 않아, 전씨는 한 차례의 궁정 정변을 통해 국가 대권을 장악했으며, 마침내 백여 년 뒤(기원전 386년)에 철저하게 제나라의

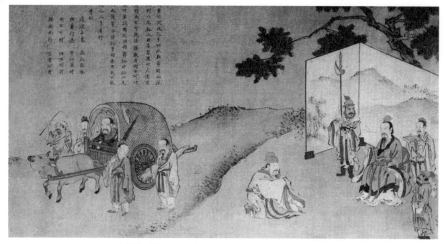
▲ 안영(晏嬰)이 공자에게 봉지를 주지 말도록 간언하는 모습

정권을 찬탈했다. 임금이 된 입장에서 제나라 경공은 이와 같은 눈앞의 위협에 대해 자연히 눈치 채고 우려하지 않을 수 없었다.

『사기』에는 공자와 제나라 경공의 또 다른 만남에 대해서도 기재되어 있다. 이 대화에서 공자는 제나라 경공에게, 재물의 씀씀이를 아끼는 것이 나라를 다스리는 데에서 중요한 일이라고 강조했다. 공자의 정치 관념에 대해 제나라 경공은 매우 칭찬했으며, 심지어 공자에게 봉지(封地)를 내려주려고 했다. 그 당시 이것은 공자를 경신(卿臣: 조정의 최고 관직)으로 간주하여 중용한다는 의미였다. 그러나 이 일은 결국 실현되지 못했다. 제나라 경공은 공자에게 "나는 늙어서, 당신을 등용할 수 없소.[吾老矣, 不能用也.]"라고 말했는데, 이 말의 행간에는 자못 위축되고 맥이 빠진 느낌이 담겨 있다. 제나라의 대신들은 공자를 해칠 것을 모의하고 있었고, 이런 상황에서 공자는 어쩔 수 없이 노나라로 돌아가야 했다. 전국 시대의 유명한 학자인 맹자의 설명에 따르면, 공자는 위급한 상황

▲ 제나라에서 소(韶)를 듣는 공자: 소'는 전설 속의 임금인 순(舜)이 지었다고 전해지는 음악이다.

에서 촉박하게 제나라를 떠났는데[『맹자』「만장 하(萬章 下)」: "공자께서 제나라를 떠나시면서 씻은 쌀을 받아들고 가셨다.(孔子之去齊, 接淅而行.)" 이 말의 의미는 매우 급히 출발했기 때문에, 심지어 쌀을 씻은 다음 말릴 겨를도 없었다는 것이다.], 확실히 제나라의 정치인들로부터 적대시 되고 있었음을 알 수 있다. 이 때 공자는 제나라에서 대략 1년간 머물렀다.

보충해 둘 것은, 공자가 뜻을 이루지 못했던 제나라 여행에 관해 선진(先秦) 시대의 많은 이야기들이 전해져 오는데, 이 이야기들에서 공자는 종종 제나라의 명신(名臣)인 안자(晏子)와 관련이 있다는 사실이다. 사마천은 『사기』에서 제나라 경공이 공자의 중용을 포기한 까닭은, 안자가 한번 그에게 유학(儒學)을 비판했기 때문이라고 했다. 또 다른 중요한 선진 시대의 학파인 묵가(墨家)의 저작인 『묵자(墨子)』에는, 이 이야기가 변화 발전하여 더욱 현실성이 떨어지는 내용으로 바뀌었다. 그에 따르면, 공자는 안자의 간언으로 인해 봉지를 잃게 되자, 마음에 한을 품게 되었

▲ 화행중도(化行中都): 공자가 벼슬을 하여 중도(中都)를 다스렸는데, 1년 만에 덕화(德化)를 이룬 고사를 그린 그림

고, 나중에 기회를 틈타 제나라와 오(吳)나라 사이의 전쟁을 선동하는 것으로 복수를 했다고 한다[『묵자』 「비유 하(非儒 下)」]. 분명히 이 이야기의 황당함은 언급하지 않아도 알 수 있다. 이러한 것들은 앞에서 언급했듯이, 도가(道家)의 저작들에서 종종 공자에 대해 거짓되게 서술하고 있는 것과 마찬가지로, 당시 다양한 학파들이 서로 경쟁하는 환경에서 공자의 이름을 빌어 자신이 속한 학파의 산물(産物)을 좋게 선전하고자 한 것들일 뿐이다. 실제로 공자는 일생을 마치도록 정치적으로 뜻을 이루지 못했으며, 제나라에서의 좌절은 단지 그 시작에 불과했다. 그러나 이 좌절에 대한 공자의 태도는 태연자약할 뿐이었다.

공자의 시교(施教)

공자는 노나라 소공(昭公) 25년(기원전 517년)에 제나라로 갔다가, 그 이 듬해에 돌아왔는데, 이 때 그의 나이 36세였다. 이후 십여 년간 공자는 기본적으로 제자들을 가르치는 일에 전념했는데, 그의 교육 사업은 날 이 갈수록 흥성한 반면, 그의 정치 활동은 나아질 기미가 없었다. 『사기』 에서는 "공자는 벼슬하지 않고 물러나 시(詩)·서(書)·예(禮)·악(樂)을 닦 으니, 제자가 더욱 많아지고, 먼 곳에서부터 찾아와 수업을 받지 않는 이가 없었다.[孔子不仕, 退而修詩書禮樂, 弟子彌衆, 至自遠方, 莫不受業焉.]"고

▲ 공자가 직접 심은 편백나무

했는데, "벼슬을 하지 않은[不 仕]" 까닭은 노나라의 정국이 여 전히 동요하고 있었기 때문이 다. 노나라 소공이 망명 중에 세 상을 떠나자, 노나라에는 새로 운 임금인 정공(定公)이 즉위했 다. 이 새로운 임금은 이전과 마 찬가지로 국내 문제를 해결하지 못했다. 게다가 우습게도 계손 씨 가문은 자신의 가신에게 능 멸당하는 처지가 되었다. 노나 라 정공 5년(기원전 505년)에 계손 씨의 가신인 양호(陽虎)—이전 에 공자를 문 안으로 못 들어오

게 막았던 바로 그 사람—는 자신의 새로운 주인인 계환자(季桓子)를 구금하고, 그를 협박하여 자신과 결맹(結盟)하도록 함으로써, 계손씨의 통제권을 장악했다. 당시 노나라 정국은 이처럼 전도된 모양새였다. 즉 나라의 임금은 계손씨에게 통

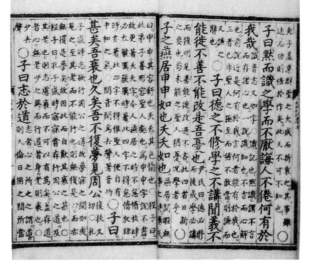

▲ 『논어』 명간본(明刊本)

제당하고, 계손씨는 또한 양호에게 협박을 당하여, 노나라의 정권이 이 가신의 손아귀에서 놀아나고 있었다. 이렇게 이상해 보이는 상황은 사실 춘추 시대의 사회와 정치가 급변하던 형세의 축소판이었다.

그러나 양호의 노나라 정치에 대한 통제는 확실히 견고할 수 없었으므로, 오래지 않아 필연적으로 국내외의 각종 도전에 직면하게 되었다. 제나라는 끊임없이 출병하여 국경을 침범하고 있었는데,『좌전』의 기록에 따르면 양호의 계손씨에 대한 통제권 또한 나머지 가신들의 강력한 견제를 받고 있었다[『좌전』「정공 7년(定公七年)」]. 이러한 상황에서 양호도 또한 술책을 생각해 내어 자기 세력을 심어 갔다. 대략 이 무렵, 그는 공자를 자기편으로 끌어들이려 했다.『논어』「양화(陽貨)」에는 다음과 같은 내용이 있다.

양화(陽貨, 즉 양호)가 공자를 만나고자 했으나 공자가 그를 만나 주지 않자, 그는 공자에게 삶은 돼지 한 마리를 보냈다. 공자는 양화가 집에 없을 때에 가서 감사를 표하려고 했다. 사례하러 갔다가 돌아오는 길에 양화를 만나게 되었다. 양화는 공자에게 "오시오! 내 당신과 이야기를 하고 싶소."라고 했다. 그리고 말하기를 "보물과 같은 재능을 안고 있으면서 나라의 혼란을 보고만 있는 것을 인(仁)이라고 부를 수 있습니까?"라고 했다. 공자는 "아닙니다."라고 말했다. 양화가 "도(道)를 행하고자 하면서 그 시기를 놓치는 것을 지(知)라고 부를 수 있습니까?"라고 하자, 공자는 "아닙니다."라고 말했다. "시간은 흘러가고 세월은 우리와 함께하지 않습니다."라고 양화가 말하자, 공자는 "그렇습니다. 내 장차 벼슬을 하겠습니다."라고 말했다.[陽貨欲見孔子, 孔子不見, 歸孔子豚. 孔子時其亡也, 而往拜之. 遇諸途. 謂孔子曰: "來! 予與爾言." 曰: "懷其寶而迷其邦, 可謂仁乎?" 曰: "不可." "好從事而亟失時, 可謂知乎?" 曰: "不可." "日月逝矣, 歲不我與." 孔子曰: "諾, 吾將仕矣."]

이 이야기는 비록 짧지만 양호와 공자가 지혜를 겨루는 정황이 적지 않게 나타나 있다. 양호가 방문하자 공자는 그를 피하고 만나지 않았는데, 양호가 삶은 돼지 한 마리를 선물로 보냈다. 당시의 예절에 따르면 다른 사람의 선물을 받은 사람은 반드시 보낸 사람의 집에 답방(答訪)을 해야 했다. 하는 수 없이 공자는 양호가 집에 없는 때를 골라 답방을 갔었는데, 뜻하지 않게 돌아오는 도중에 길에서 양호를 만났다. 양호는 입이 닳도록 자문자답하듯이 한바탕 말을 했는데, 그 의도는 공자로 하여금 벼슬길에 나오게 하려는 것이었다. 공자는 비록 모호하게 대답하기

▲ 성석문(聖石門)

는 했지만, 사실 우리는 그가 결코 양호에게 굴복한 것이 아님을 알 수
있다. 양호는 가신의 신분으로 국정을 장악했지만, 그 품행은 소인(小人)
무리들과 가까워서 "부유해지려면 어질지 말아야 하고, 어질어지면 부
유해지지 못하며[爲富不仁, 爲仁不富]"[『맹자』「등문공 상(滕文公 上)」], "부유
한 사람과 친하고 어진 사람과는 친하지 마라[親富不親仁]"[『좌전』「정공
9년(定公九年)」]는 이기적인 철학을 신봉했으니, 정치 이념이나 도덕 관념
에서 공자와는 큰 차이가 있었으며, 당연히 공자의 지지를 얻을 수 없었
다. 공자는 양호의 의향을 따르지 않았는데, 아마도 이 때문에 아무런
화도 초래하지 않았을 것이다. 노나라 정공 8년(기원전 502년)에 양호의
야심은 더욱 커져서, '삼환(三桓)'의 지도자를 살해하고 꼭두각시 노릇을
할 사람을 찾아 그를 대신 그 자리에 앉히려 했다. 그의 계획은 성공을
거두지 못했고, 세 집안이 연합하여 그를 물리쳤으며, 그 이듬해에 그를

▲ 노나라의 대사구(大司寇)에 임용된 공자

제나라로 쫓아 버렸다. 이리하여 양호가 노나라의 내정(內政)을 해치는 역사는 끝났고, 공자도 이 때 벼슬길에 나아갔다.

노나라 정공 9년(기원전 501년)에 공자는 중도재(中都宰: 춘추 시기의 관직명으로, 중도 지방의 지방장관)가 되었으며, 그 다음해에는 사공(司空: 삼공의 하나로, 건설을 주관하던 공부상서에 해당)과 사구(司寇: 형벌을 담당하던 형부상서에 해당)를 역임했다. 정공 13년에 공자는 노나라를 떠나 위(衛)나라로 갔다. 공자가 노나라에서 벼슬했던 기간은 4년으로, 시간은 비록 짧았으나 공자의 정치 경력에서 가장 눈부신 시기였다. 그러나 아쉬운 점은, 이 시기가 또한 역사서나 경서에 실려 있는 공자의 발자취에 관한 내용이 상당히 난삽하고 불분명한 시기라는 것이다. 이 때의 공자는 의심할 여지없이 상당히 높은 정치적 지위를 차지하는 기회를 갖게 되어, 그의 정치적 재능을 발휘하고, 그의 정치적 주장을 실현하였다. 그러나 탁월한 업적에 관한 기록은 여전히 자세한 분석을 필요로 한다. 예를 들어 공자가 역임했던 관직에 대해 후세의 학자들은 많은 논쟁을 벌였다. 왜냐하면 노나라의 삼공(三公)은 사도(司徒), 사마(司馬), 사공인데, 줄곧 '삼환'에 속하는 귀족들이 장악하고 있었으므로, 공자에게 그 자리를 넘겨줄 리가 없었기 때문이다. 또한 공자가 사공을 거쳐서 사구에 임용된 것에 대해, 역사 기록에서는 마치 진급한 것처럼 보고 있지만, 실제로는 사구의 지위가 사공보다 낮았다. 이런 모순에 대해 후세 사람들은 일반적으로 이렇게 이해하고 있다. 즉 공자가 임용된 사공 직책은 소사공(小司空)으로, 사공의 속관(屬官)이니, 만약 사구가 확실한 것이라면, 진급한 것이라고 여긴 것이다. 그 밖에 『사기』의 기록에 따르면 공자는 대사구(大司寇)로서 재상의 일을 대리(代理)했다고 하니, 조정을 책임지고 이끌어 나갈 수 있었던 것 같다. 그러나 또 다른 유가 경전인 『춘추공양전(春秋公羊傳)』에서는, "공자는 계손씨에 종사(從事)했는데, 3개월 동안 어긋나지 않았다.[孔子行乎季孫, 三月不違.]"고 하는데, 이는 당시 실제로 노나라의 정치를 장악했던 사람은 여전히 계손씨의 계환자(季桓子)이며, 공자 또한 그의 통제를 받아야만 했음을 의미한다. 사실 일반적인 상식으로 추측해 본다면, 공자는 비록 이미 상당한 명성이 있었지만 정치적으로는 기반이 부족했으므로, 자신의 정치적 이념을 추진하려고 하면, 반드시 낡은 세력의 갖가지 속박을 받을 수밖에 없었다. 공자가 4년 동안 노나라에서 벼슬했던 과정은 또한 이러한 점을 말해 주고 있다.

사구는 법을 관장하는 관직인데, 공자가 그 직위에 올라 구체적으로 한 행위들에 대해 오늘날의 우리들이 알고 있는 것은 매우 적다. 후세의 저작들, 예를 들어 『순자(荀子)』, 『사기』 등의 기록에 따르면, 그가 소정묘(少正卯)라는 노나라의 대부를 주살(誅殺)했다고 하는데, 신빙성은 그다지 높지 않다. 그러나 공자가 정치를 한 4년 동안 두 가지 사건은 각종 역사 저작들에 상세하게 서술되어 있다. 첫 번째는 '협곡지회(夾谷之會)'인데, 이것은 노나라 정공과 제나라 경공이 협곡에서 회담한 일을 말한

▲ 협곡회제(夾曲會齊): 노(魯)나라 정공(定公)과 제(齊)나라 경공(景公)이 협곡에서 동맹을 체결하려고 만났는데, 공자는 바로 노나라의 대리 국상(國相: 정승)이었다.

다. 두 나라 혹은 여러 나라의 임금이나 신하들이 모여서 맹약을 체결하는 것은 당시에 흔히 있던 일이다. 그런데 춘추 시대라는 난세에는 이런 모임이, 종종 큰 나라가 작은 나라를 협박해서 군사 집단을 만들거나, 큰 나라가 작은 나라를 위협하여 이익을 착취하는 패권 행위로 변해 갔다. 제나라와 노나라는 서주(西周) 시대에는 둘 다 큰 나라였으나, 이 때의 두 나라는 힘의 격차가 벌어져, 제나라가 크게 우세를 차지하게 되었다. 수백 년간 두 나라는 전쟁과 화평을 반복하면서 여러 차례 분쟁을 벌였다. 이 협곡 회담에서 제나라 경공은 본래 강대한 힘으로 노나라 정공을 업신여기려는 생각을 견지하고 있었다. 회담 전에 공자는 노나라 정공을 훈계하며 말하기를, "문(文)의 일을 하는 자는 반드시 무(武)를 갖추어야 하고, 무(武)의 일을 하는 사람은 반드시 문(文)을 갖추어야 한다.[有文事者必有武備, 有武事者必有文備.]"(『사기』 「공자세가」)고 했다.

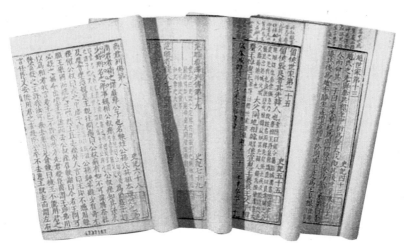
▲『사기(史記)』

회담과 맹약은 비록 문(文)의 일이지만 또한 충분한 군사적 준비도 해야 한다는 뜻이었다. 두 나라의 임금이 회담을 하자, 제나라는 과연 터무니없이 무력으로 노나라 정공을 겁박했다. 노나라는 일찌감치 방비를 하고 있었고, 공자 또한 제나라 경공에게 엄격한 말로 힐문(詰問)했기 때문에, 결국은 이 위기를 해소할 수 있었다(『좌전』「정공 10년」). 회담 과정에서 공자는 제나라가 예제(禮制)에 합당하지 않은 악무(樂舞)를 하는 것을 바로잡았으며, 심지어 회담장에서 연극 공연을 하고 있는 난장이를 주살하기도 했는데, 뜻이 바르고 말이 엄격하며 위엄 있는 태도를 당당하게 잘 드러냈다고 한다[『사기』「공자세가」와 『춘추곡량전(春秋穀梁傳)』]. 제나라 경공은 두려워하며 공자의 말을 따랐고, 마침내 노나라 정공과 맹약에 서명했다. 그 맹약에 따르면, 이후로 노나라는 군대를 파병하여 제나라의 정복 전쟁을 도와 주어야 할 의무를 졌지만, 제나라는 침략하여 점령하고 있던 노나라의 여러 땅들을 돌려 주어야 했다(『좌전』). 이 회맹은 공자가 관계했기 때문에 노나라는 실제로는 이익을 얻게 되었다.

공자는 다음과 같이 말한 적이 있다. "자기 자신의 행동에 부끄러워할 줄 알며, 사방 여러 나라에 임금의 명령을 욕되게 하지 않으면 선비라고 할 수 있다.[行己有恥, 使於四方, 不辱君命, 可謂士矣.]"[『논어』「자로(子路)」] 이 말의 뜻은, 일을 하면서 부끄러워하는 마음을 갖고 있으며, 외국에 사신으로 가서 임금이 부여한 사명을 잘 완수할 수 있으면, '선비[士]'라고 불릴 수 있다는 것이다. 그가 협곡의 회담에서 보여 준 것은 바로 "임금의 명령을 욕되게 하지 않는 것[不辱君命]"이라고 할 수 있다. 또한 탁월한 외교적 재능과 보통 사람을 뛰어넘는 용기 이외에도, 공자의 거동은 그의 일관적인 정치적·문화적 신념을 보여 주었다. 회담 중에 그는 규정된 주나라 예제(禮制)를 견지하고, 제나라의 예의(禮儀)를 오랑캐의 풍속[夷狄之俗]이라고 부르면서 단호하게 버려야 한다고 주장했다. 이러한 복고적인 행위는, 비록 예악이 붕괴해 버렸지만 여전히 과거의 찬란한 기억이 남아 있던 시대에, 자연스레 엄숙하여 범할 수 없는 바른 기풍을 갖추게 되었는데, 아마 제나라 경공도 이 때문에 설득당했는지 모른다. 협곡의 회담은 당연히 공자가 벼슬을 한 이후에 있었던 한 차례의 대단한 성공이었다.

공자가 했던 두 번째 일도 역시 마찬가지로 기백이 있었지만, 아쉽게도 그 결과는 협곡의 회담처럼 원만하지는 못했다. 노나라 정공 12년에 공자는 임금과 '타삼도(墮三都)'를 상의했는데, 이는 계손씨·맹손씨·숙손씨에게 따로 귀속되어 있던 세 개의 성읍인 비읍(費邑)과 성읍(成邑)과 후읍(郈邑)의 성벽을 철거하는 것이었다. 분명히 이 조치를 취하려는 의도는 바로 삼환의 세력을 약화시켜 임금의 권력을 공고히 하려는 것이었

▲ **예타삼도**(禮墮三都): 공자가 노 정공에게 말하기를 "신은 집안에 갑옷을 보관해서는 안 된다고 들었고, 대부는 백 치의 성을 쌓아서는 안 된다고 들었습니다. 지금 세 집안은 제도를 넘어섰으니, 이를 허물기 바랍니다."라고 청하여, 세 가문의 성을 허물고 있다.

다. 만약 성공을 거두었다면, 노나라의 귀족 가문들이 강해지고 임금의 세력이 약해지던 정치 국면을 강력하게 바꿀 수 있었을 것이다. 이는 필연적으로 공자가 심사숙고하여 야심만만하게 추진한 계획이었음을 추측해 볼 수 있다. 이 계획은 처음 집행할 때는 비교적 순조로워, 후읍에서는 재빨리 성벽을 철거했다. 비읍에서 노나라 정공은 약간 저항을 받았는데, 비읍을 관장하던 공산불뉴(公山不狃)와 숙손첩(叔孫輒)이 인마(人馬)를 동원하여 한동안 정공을 포위했다. 공자는 즉시 군대를 보내 그들을 물리치고, 그 두 사람을 나라 밖으로 쫓아내 버렸다. 그러나 맹손씨에 속해 있던 성읍은 심각한 장애물이 되었다. 맹손씨는 성읍이 노나라의 관문이 되는 중요한 지역일 뿐 아니라, 더욱이 자기 종족의 이익을 보장해 주는 것이라고 여겼으므로, 노나라 정공의 명령을 아직 못 들은 체하면서 성벽 철거를 거부했다. 이 1년 동안에 정공은 군대를 파견하여 성읍을 포위했으나, 결국 승리를 거두지 못했다. 이는 사실상 공자의 계획이 중도에 폐지되었음을 의미하였다. 그리하여 공자는 그 이듬해에 관직을 버리고 노나라를 떠났다.

공자가 사직하고 노나라를 떠난 원인은 많지만, '타삼도' 계획의 실패가 분명 그 중 가장 중요한 요인이었을 것이다. 이 외에도 노나라의 부패하고 낙후한 정치 환경 또한 공자에게 실망을 안겨 주었다.『사기』의 기록에 따르면, 공자가 노나라에서 벼슬을 하자, 제나라가 큰 압력을 가해 왔다고 한다. 왜냐하면 공자처럼 현명한 관리가 다스리게 되면 노나라의 국력은 반드시 강해질 것이므로, 이는 이웃 국가에게 확실히 좋은 소식이 아니었기 때문이다. 그래서 제나라 사람들은 노나라에 많은 악기(樂妓: 노래를 잘하는 기생)와 준마(駿馬)를 보내 노나라 임금이 음악과 말에 빠져 나랏일에 관심을 둘 틈이 없게 되기를 바랐다. 그들의 계획은 과연 효과가 있었다. 노나라 정공과 계환자는 곧바로 이 새로운 향락에 탐닉하여 종일 그것에 탐닉하니, 정사(政事)는 황폐해졌다. 이러한 상황에 직면하자 공자의 제자들마저도 그들의 스승이 노나라에서 계속 머물 필요가 없다고 생각했다.

그러나 공자는 이 때에도 여전히 한 가닥 희망을 갖고 있었다. 그는 제자에게 말하기를, "지금 노나라는 하늘에 제사를 지낸 다음, 전례(典禮)에 사용한 고기를 대부들에게 보내 주고 있으니, 내가 여전히 이 고기를 받을 수 있으면 노나라에 남을 것이다."라고 했다.(『사기』「공자세가」:

▲ **인번거로(因膰去魯):** 직역하면 "제사 지내고 난 고기 때문에 노나라를 떠나다"인데, 정공이 악기들과 놀아나면서 정사를 게을리 하자, 하늘에 제사를 지내고 나서 제상에 올렸던 고기를 대부들에게 나누어 주어야 하는데, 이를 실행하지 않자, 공자가 벼슬을 사직한 뒤 노나라를 떠나는 장면이다.

"魯今且郊, 如致膰乎大夫, 則吾猶可以止.") 우리는 공자가 몇몇 작은 일들에 상당히 관심이 있었음을 알 수 있는데, 이런 작은 일들은 종종 예의(禮儀)와 관련이 있었다. 공자는 사람들이 이런 작은 일들을 실천하는 것으로 그들의 진실한 심리 상태를 표현해 낼 수 있다고 보았다. 대부들에게 제사 지내고 난 고기를 나누어 주는 일은 사소한 것에 불과했지만, 노나라 통치자가 제사 의궤(儀軌)를 엄격히 준수하고 사대부를 존경한다는 것을 나타내 주는 것이었다. 공자는 평생 수많은 중대한 결정을 했지만, 그 근거로 삼았던 것은 이렇게 작은 일들이었다. 그러나 제사 지낸 고기가 공자에게 배달되지 않았고, 계환자는 여전히 여자와 음악에 빠져서

泰山問政
孔子遇齊過泰山
婦人哭而哀曰此一
似重爲者使子路
問之婦人曰昔舅死
於虎夫與子亦然矣
路曰何不去婦人曰
無苛政子路以告子
曰苛政猛於虎也

▲ 태산에서 정치를 묻다[泰山問政]: 어느 날 공자가 제자들을 거느리고 태산(泰山)을 지나는데, 한 여인이 무덤 앞에서 목을 놓아 통곡하고 있었다. 그 까닭을 물으니 사정이 참으로 딱했다. 산속에서 사는 동안 시아버지와 남편에 이어 아들까지 차례로 호랑이에게 잡아먹혔다는 것이었다. 공자는 여인에게, '왜 안전한 마을에서 살지 않고 위험한 산속에 살면서 화를 당하느냐'고 물었다. 그러자 여인이 대답하기를, '이곳에는 가혹한 정치가 없기 때문'이라고 했다. 이에 공자는 '가혹한 정치가 호랑이보다 무섭다'는 뜻의 "가정맹호(苛政猛虎)"라는 말을 남겼다.

3일 동안이나 정사를 돌보지 않고 있었다. 확실히 노나라의 통치 계층은 이미 타락했고, 공자의 태도 또한 냉담하게 변하기 시작했다. 공자는 곧바로 결연히 관직을 버리고 제자들을 이끌고 노나라를 떠난다.

공자는 4년 동안 노나라에서 벼슬을 했는데, 그 기간의 공과(功過)와 성패(成敗)는 한 마디로 단정하기 어렵다. 『사기』에서는 공자가 국정을 관리한 지 3개월 만에 노나라 백성들의 풍속은 크게 변했다고 기록하고 있다. 또한 협곡의 회담에서는 강대한 권력을 극복하고 임금의 명령을 욕되게 하지 않았다고 했다. 이를 통해, 공자는 내정과 외교에서 비범한 재능을 갖고 있었음을 알 수 있다. 다른 한편으로, 공자는 강력한 개혁을 추진하여 귀족 가문들을 제압하고, 나날이 쇠약해져 가는 노나라의 정권을 일으켜 세우려고 시도했다. 그러나 당시의 환경에서, 춘추 시대의 격렬한 사회 변동의 소용돌이 속에서, 개인의 역량은 필경 유한한 것이었다. 공자는 마치 비극적인 색채로 가득한 이상주의자처럼, 낡은 세계라는 곧 무너져 내릴 집을 보수하여 유지해 나가려고 힘썼다. 노나라에서 그는 인정받지 못하여 포부를 펼 수 없었으므로, 다른 제후국에 가서 지지를 구하려고 결심했는데, 이 여행은 14년 동안이나 지속되었다. 공자가 떠난 것은 노나라에게는 큰 손실이었다. 몇 년 후에 계환자는 큰 병에 걸렸는데, 수레에서 노나라의 도성을 멀리서 바라보다가 탄식하며 말하기를, "이 나라는 원래 강대해질 수 있었는데, 내가 공자를 잘 대해 주지 못한 까닭에 실현될 수가 없었구나."라고 했다.(『사기』「공자세가」: "季桓子病, 輦而見魯城, 喟然嘆曰, '昔此國幾興矣, 以吾獲罪於孔子, 故不興也.'")

주유열국(周遊列國)

공자가 노나라를 떠난 목적은 기회를 잡아 재능을 발휘하고, 자신의 정치 이념을 실천하려는 것이었다. 공자는 자신의 정치적 재능에 대해 매우 자신 있어 하며 다음과 같이 말했다. "나를 등용해 주는 사람이 있다면, 일 년이면 어느 정도 좋아지고, 삼 년이면 성취가 있을 것이다.[苟有用我者, 朞月而已可也, 三年有成.]"(『논어』「자로」) 이 말의 뜻은, 만약 공자 자신에게 나라 일을 주재(主宰)하도록 한다면, 1년 후에는 정치가 제대로 시행될 수 있을 것이며, 3년이면 성취할 수 있다는 것이다. 동시에 공자는 세상을 위해 일하고 싶은 마음도 간절했는데, 자신을 박에 비유하며 말하기를, 박은 먹는 것이니 매달려 있으면서 먹지 못하는 것이 될 수는 없다고 했다. 이는 선비가 나라를 잘 다스릴 재주가 있으면 기회를 찾아서 재능을 펼치지 않을 수가 없다는 뜻이다.[『논어』「양화(陽貨)」] 맹자는 공자에 대해 말하기를, 3개월 동안 모실 임금이 없으면 두렵고 불안해하며 해야 할 바를 알지 못했다고 했는데, 후세 사람들은 이것을 가지고 공자가 노예와 같은 상태에 있다고 비웃기도 했다. 하지만 실제 그 말이 표현한 것은, 바로 공자가 임금을 얻어 도를 행하고자 하는 간절한 마음이었다. 이렇게 벼슬을 추구한 것은 개인의 공명과 이익을 도모하려는 것이 아니라, 그가 믿는 도의를 실천하고자 하는 것이

▲ 공자의 주유열국도

었다.[『논어』「미자(微子)」: "君子之仕
也, 行其義也."] 공자가 노나라를 떠
나 찾고자 했던 것은 바로 도의를
시행할 기회였다. 단지 아쉬운 점
은 이 기회를 그가 얻은 적이 없
었다는 것이다. 유가의 정치사상
에는 난감한 부분이 있다. 유가의
관념에 의하면, 군주는 인륜의 가
장 높은 등급에 도달해 있어야 하
지만, 만약 그가 크게 간악한 무
리만 아니라면, 신하들은 모두 그

▲ 맹자

를 보좌하고, 아울러 군주의 권위를 빌려 자신의 정치적 주장을 추진해
야만 한다. 그러나 군주가 그 신하들의 주장을 신뢰하지 않는다면, 유가
신봉자들은 속수무책이라는 점이다. 유생(儒生)들은 정치에서 군주의
권력에 의지하는 것을 탈피하기가 쉽지 않았는데, 공자 자신의 경력 또
한 이 점을 설명하기에 적당하다고 할 수 있다. 노나라에서 그는 자신에
대한 통치자의 지지를 잃었으므로, 다른 곳에서 다시 그러한 지지를 얻
을 수 있기를 희망했다. 그러나 춘추 시대에 이것은 거의 완수할 수 없
는 임무였고, 공자가 노나라를 떠났던 14년 동안도 필연적으로 도처에
서 벽에 부딪히는 매우 험난한 과정일 수밖에 없었다.

노나라 정공 13년(기원전 497년)에 공자는 노나라를 떠나 위(衛)나라에
갔고, 노나라 애공(哀公) 11년(기원전 484년)는 위나라에서 다시 노나라로
돌아왔다. 이 14년 동안 공자와 그의 제자들은 위(衛)·조(曹)·송(宋)·정

▲ 광 지역 사람들이 포위를 풀다[匡人解圍]: 공자가 위(衛)나라를 떠나 진(陳)나라로 가는 길에 광(匡) 지역을 지났다. 노나라의 양호는 광 지역에 대해 참으로 난폭하게 대했는데, 공자의 외모가 양호와 비슷하여, 광 지역 사람들이 그를 겹겹이 포위한 채 5일 동안이나 풀어 주지 않았다. 결국 공자의 설득으로 오해를 풀고, 공자 일행을 놓아 주었다.

(鄭)·초(楚)나라 등 여러 제후국들을 왕래했는데, 그 기간 동안 갖은 풍파와 어려움을 겪었고, 심지어 생명의 위협까지 받았다. 처음 위나라에 갔을 때, 위나라 영공(靈公)은 모함하는 말을 믿고 무장한 병사들을 보내 공자를 위협했는데, 공자는 가까스로 벗어날 수 있었다. 광(匡)이라는 지역에서 공자는 분노한 주민들에게 포위되었다. 이 사람들은 그를 양호(陽虎)로 잘못 알고, 5일 동안이나 포위했다. 송나라에서는 사마환퇴(司馬桓魋)가 공자를 죽이려고 했으며, 포(蒲)라는 지역에서 공자는 다시 한 번 주민들에게 포위당했는데, 제자들이 사력을 다해 싸운 다음에야 겨우 벗어날 수 있었다. 진(陳)나라와 채(蔡)나라의 국경 지대에서는 또한 전쟁으로 인해 곤경에 처했는데, 한 번은 식량이 바닥난 적도 있었다. 이러한 곤경을 겪을 때에도 공자는 일관되게 활달하고 통 큰 태도

▲ 영공(靈公)이 진을 치는 방법을 묻다[靈公問陣].

를 보여 주었다. 공자는 "자신은 문덕(文德)과 도의(道義)를 계승하는 사
명을 짊어지고 있고, 이 사명은 하늘로부터 부여받았는데, 어떻게 광 지
역 사람들이나 사마환퇴의 훼방이 이를 깨트릴 수 있겠는가?"라고 여겼
다.[『논어』「자한(子罕)」: "子畏於匡. 曰: '文王旣沒, 文不在玆乎? 天之將喪斯文也.
後死者不得與於斯文也, 天之未喪斯文也, 匡人其如予何?'"『논어』「술이(述而)」:
"子曰: '天生德於予, 桓魋其如予何?'"] 여기에서 알 수 있듯이, 공자의 태연스
러운 태도는 바로 이처럼 강렬한 사명감에서 비롯되었다. 그리고 공자의
이러한 행위와 말들은 그 당시 제자들을 격려해 주었을 뿐만 아니라, 후
세에도 비슷한 고난을 겪은 유가 신봉자들에게 거대한 힘을 제공해 주
었다.

　그러나 여러 나라들을 출입하고 여러 차례 위험과 재난을 겪었다는
사실은, 바로 공자가 찾고 싶어 했던 기회가 내내 오지 않았음을 말해
준다. 몇몇 정치인들은 공자의 치국 이념에 대해 흥미를 보이고 존경을

▲ 송나라 사람들이 나무를 베다[宋人伐木].

표하기도 했다. 공자는 여러 차례 위나라를 드나들었고, 위나라에서 여러 해 동안 머물기도 했으며, 위나라 영공은 공자에게 존경을 표하기도 했다. 그러나 영공은 끝내 공자에게 실망을 안겨 주었다. 『사기』의 기록에는, 위나라 영공이 순행(巡幸)을 할 때, 그의 부인과 한 명의 환관은 함께 같은 수레에 타서 남의 이목을 끌게 했지만, 공자는 뒤쪽 수레에 타도록 배치했다. 이처럼 예의에 어긋난 행위는 노나라에서 제사가 끝난 다음 제사 지낸 고기를 대부들에게 나누어 주지 않았던 것과 마찬가지로 공자에게 모욕감을 느끼도록 했으며, 결국 그로 하여금 위나라를 떠나게 만들었다. 이 밖에도 위나라 영공은 태자 괴외(蒯聵)와의 대립이 깊어져서, 마침내 태자가 진(晉)나라로 도망갔는데, 진나라는 이 당시 위나라의 적국이었다. 이러한 상황에서 위나라 영공이 진정으로 관심을 가진 것이 무슨 일이었을지는 생각해 보면 알 수 있을 것이다. 『논어』의 기록에 따르면, 위나라 영공이 공자에게 군대의 진을 치는 방법에 대해 묻

▲ 고성(故城) 남무운대(南舞雲臺) 유적

자, 공자는 "예악(禮樂)에 관한 일은 제가 잘 알고 있지만, 군대의 일은
제가 알지 못합니다."라고 대답했다고 한다.[『논어』 「위령공(衛靈公)」: "衛
靈公問陣於孔子. 孔子對曰: '俎豆之事, 則嘗聞之矣. 軍旅之事, 未之學也.'"] 분명
히 위나라 영공의 생각과 공자의 정치 이념은 매우 큰 차이가 있었고,
공자는 심지어 이 군주를 '무도(無道)'하다고 규탄하기까지 했다.[『논어』
「헌문(憲問)」: "子言衛靈公之無道也"] 진나라의 필힐(佛肸)이 공자를 초빙하려
했는데, 필힐은 진나라의 대부 범씨(范氏)의 가신이었고, 이 때 바로 진
나라의 권신(權臣)인 조간자(趙簡子)에게 대항하는 반란이 일어났다. 공
자는 제자의 의견을 받아들여 가지 않았다. 나중에 공자가 조간자를 찾
아가려고 했지만, 가는 도중에 진나라 대신(大臣) 두 명이 조간자에게 피
살되었다는 소식을 듣고서 결국 가지 못했다. 사실 조씨(趙氏)는 바로 진
나라 국내에서 나날이 세력을 키워 나가던 종족 중 하나였다. 그로부터
수십 년 뒤에 조(趙)·한(韓)·위(魏) 세 가문은 진나라를 분할하여 각자

▲ 초나라 소왕이 봉지를 하사하다[楚昭封地].

나라를 세웠는데, 이 사건은 춘추 시대를 마감하는 상징적인 사건으로 여겨진다. 세나가 당시에 양호가 진나라로 도망가자, 조씨가 거두어 머물게 해 주었는데, 공자는 이미 조간자에 대해 혹독한 비판을 한 적이 있었다. 공자와 조간자가 설령 만날 수 있었다고 하더라도, 반드시 공통된 의견이 그다지 많지는 않았을 거라고 생각된다. 『사기』에는 또한, 공자가 초(楚) 소왕(昭王)의 초빙을 받아 초나라로 갔다고 기록되어 있다. 초나라 소왕은 공자를 존경하여 공자가 제자들을 가르치고 학문을 연구할 수 있도록 땅 7백 리를 하사하여 제후로 삼으려고 했다. 그러나 마치 그 전에 제나라의 상황과 마찬가지로 이 계획은 실현되지 못했다. 초나라의 영윤(令尹) 자서(子西)는 초나라 왕에게 나아가서 다음과 같이 간언했기 때문이다. "주나라 문왕 당시의 호경(鎬京)은 단지 백여 리에 불과했지만, 후에 천하를 통치할 수 있었는데, 공자의 제자들 중에는 인재가 매우 많으니, 만약 봉지(封地)를 얻을 수 있다면, 아마도 그러한 성취를 실현할 수 있을지도 모릅니다. 그것은 절대로 초나라의 복이 아닙니다. 게다가 주나라가 처음에 초나라에 하사한 작호(爵號)는 단지 자(子: 자작)와 남(男: 남작)뿐이었고, 봉지(封地)는 50여 리에 불과했지만, 나중에 왕을 참칭하고 영토를 수천 리로 확대했습니다. 공자가 일단 권력을 얻게 된다면, 상고 시대 주나라 왕들의 치국 방법을 추진하여, 주공(周公)과 소공(召公)의 업적을 회복시킬 텐데, 그렇게 되면 초나라가 지금의 모습을 유지할 수 있겠습니까?"(『사기』「공자세가」: "楚之祖封於周, 號爲子男五十里. 今孔丘述三五之法, 明周召之業, 王若用之, 則楚安得世世堂堂方數千里乎?") 자서의 말은 당연히 과장되었으며, 공자의 정치 사상에 대한 이해는 이치에 맞지 않는다. 얼마 후 초나라 소왕이 세상을 떠나자 공자는 위나라로 돌아갔다.(이 이야기는 『사기』「공자세가」에 있다. 그러나 후세의 학자들은 그 진실성에 대해 대부분 회의적인 태도를 취하고 있다. 여기에서는 우선 이를 기록하여, 특이한 주장들까지 밝혀 둔다.)

요컨대, 이 14년 동안 공자는 여러 나라들을 주유(周遊)했지만, 내내 자신을 인정해 주는 임금을 만나 도(道)를 행할 기회를 얻을 수 없었다. 그가 벼슬을 구하는 심정은 이처럼 간절하여, 어떤 때의 거동은 제자들로 하여금 회의를 품게 했다.[예를 들면 그 유명한 "공자가 남자(南子)를 만난(子見南子)" 일이다. 공자는 위나라 영공의 부인인 남자를 알현했는데, 그 의도는 당연히 공자가 위나라 영공의 신뢰를 얻을 수 있도록 남자가 도와 주기를 희망했기 때문이다. 그러나 남자는 품행이 바르지 못한 부인이었으므로, 공자는 이 때문에 제자인 자로(子路)의 질문을 받게 된다.] 어떤 때는 낙담하는 감정에서 벗어나지 못하면서 자신을 이해해 주는 사람이 없음을 원망하기도 했다.[『논어』「헌문(憲問)」: "공자가 '아무도 나를 알아 주지 않는구나!'라고 하자, 자공(子貢)이 '어찌하여 선생님을 알아주지 않는다고 하십니까?'라고 물었다. 공자는 '하늘을 원망하지 않고, 남을 탓하지 않으며, 낮고 쉬운 것부터 배워서 점차 깊고 어려운 학문으로 나아갔으니, 이런 나를 아는 이는 저 하늘뿐이니라!'라고 말했다.(子曰: '莫我知也夫!' 子貢曰: '何爲其莫知子也?' 子曰: '不怨天, 不尤人. 下學而上達. 知我者, 其天乎!')"] 심지어는 중원의 제후국을 떠나 배를 타고 바다로 가거나, 구이(九夷)²의 먼 지역으로 가고 싶다고 반농담조로 말하기도 했다.[『논어』「공야장(公冶長)」: "공자께서 말씀하기를, '도가 행해지지 않으니, 뗏목을 타고 바다로 가야지'라고 했다.(子曰: '道不行, 乘桴浮于海.')", 『논어』「자한」: "공자께서는 구이의 땅에서 살고 싶어 하셨다.(子欲居九夷.)"] 당연히 이러한 것들은 한때의 말일 뿐이며, 공자는 평생 동안 그의 이상과 사명감을 내버려 두고 산 같은 곳에 은거하는 은사(隱士)가 된 적은 없었다. 그러나 흥미로운 것은 여러 나라들을 주유하던 14년 동안, 공자는 지속적으로 저잣거리나 시골에서 은사 같은 사람들을 만났다. 공자와 그들 간의 교류나 대화는 오늘날의 관점에서 보면 상당한 의미가 있다. 이러한 은사들은 종종 공자에 대해 조롱하는 태도를 취하기도 했다. 예를 들어 위나라의 고포자경(姑布子卿)[『사기』에는 이름이 기록되어 있지 않고, 『한시외전(韓詩外傳)』에서 볼 수 있다.]은 공자를 가리켜 "초췌하고 초라

---

2 구이(九夷): 선진(先秦) 시기에 동방에 거주하던 부족들을 통칭하던 말로, 옛날에는 동이(東夷)에 아홉 종족이 있다고 했다. 『논어』「자한」에서는 주를 달기를, "동쪽에는 아홉 오랑캐가 있는데, 첫째는 현토(玄菟), 둘째는 낙랑(樂浪), 셋째는 고려(高驪), 넷째는 만식(滿飾), 다섯째는 부경(鳧更), 여섯째는 색가(索家), 일곱째는 동도(東屠), 여덟째는 왜인(倭人), 아홉째는 천비(天鄙)이다."라고 했다. 또한 『후한서』「동이전(東夷傳)」에서는 "동쪽에는 아홉 종족이 있는데, 견이(畎夷), 우이(于夷), 방이(方夷), 황이(黃夷), 백이(白夷), 적이(赤夷), 현이(玄夷), 풍이(風夷), 양이(陽夷)가 그것이다."라고 했다. 『논어』, 『춘추좌씨전(春秋左氏傳)』, 『전국책(戰國策)』 등에서도 모두 구이에 대해 언급하고 있다. '구(九)'라는 숫자는 구체적인 숫자가 아니라, 단지 많음을 나타내는 말인데, 예컨대 『이아(爾雅)』「석지(釋地)」에서는 "구이(九夷), 팔적(八狄), 칠융(七戎), 육만(六蠻)"이라는 말이 있다.

한 것이 마치 초상집 개와 같다.[累累若喪家之犬.]"고 말했다. 이것은 사실 공자가 내내 자신을 임용해 줄 수 있는 군주를 찾지 못했다는 것을 가리키는 것으로, 공자는 이 비유를 재미있다고 여겨, 자조하면서도 인정했다. 또 한 번은 자로가 길을 가다가 공자에게 뒤처지게 되었는데, 한 노인을 만났다. 그 노인은 지팡이를 짚고 도롱이를 걸친 채 밭에서 일을 하고 있었다. 자로는 그 노인에게 다가가서 "선생님[夫子, 즉 노스승인 공자를 가리킨다.]이 어디에 있는지 아느냐고 묻자, 그 노인이 말하기를 "사지가 멀쩡한데도 놀리지 않고, 오곡을 구분하지도 못하는데 누가 선생인가?[四體不勤, 五穀不分. 孰爲夫子?]"라고 했다.[『논어』「미자(微子)」: 이 말은 '네(자로)가 사지가 멀쩡함에도 노동을 하지 않아 오곡을 잘 분간하지도 못하는데, 누가 너의 선생님을 알겠는가?'라는 뜻이다.] 말투가 매우 공손하지 못했다. 공자는 이 노인이 '은자'라는 것을 알아채고는, 자로로 하여금 다시 가서 예의를 갖추어 방문하도록 했다. 은자들 중에는 공자를 설득하려고 시도하는 이도 있었다. 예를 들어 초나라의 접여(接輿)는 미친 사람인 척하면서, 공자의 수레 앞으로 노래를 부르며 지나갔다. 그 노래의 내용은 다음과 같았다. "봉황이여! 봉황이여! 어찌 이리 덕이 쇠했느냐? 지나간 것은 말할 수 없고, 다가올 것은 쫓을 수 없네. 그만두어라! 그만두어라! 지금의 정치하는 사람들은 위태로우니라![鳳兮! 鳳兮! 何德之衰? 往者不可諫, 來者猶可追. 已而! 已而! 今之從政者殆而!]"(『논어』「미자」) 접여는 공자를 봉황에 비유하면서, 정치에 종사하는 것은 위험하다는 것을 알려, 공자가 집착을 하지 않기를 희망했다. 『논어』「미자」에는 또 다른 이야기가 기재되어 있는데, 거기에는 이러한 은사들에 대한 공자의 태도가 기록되어 있다.

▲ 미친 사람 행세를 하는 접여[接與狂士]

　　장저(長沮)와 걸닉(桀溺)이 함께 밭을 갈고 있는데, 공자가 지나다가 자로를 시켜 나루가 어디인지 묻게 했다.[長沮·桀溺耦而耕, 孔子過之, 使子路問津焉.]

　　장저가 묻기를[長沮曰]: "수레 고삐를 잡고 있는 사람은 누구시요?[夫執輿者爲誰?]"

　　자로가 대답하기를[子路曰]: "공구이십니다[爲孔丘]."

　　장저가 다시 묻기를[曰]: "노나라의 공구 말이요[是魯孔丘與]?"

　　자로 왈[曰]: "그렇습니다[是也]."

　　장저가 답하기를[曰]: "그 분이 나루를 알 것이요[是知津矣]."

　　걸닉에게 물으니 걸닉이 말했다[問於桀溺, 桀溺曰].: "그대는 누구요[子爲誰]?"

자로가 답하기를[曰]: "중유입니다[爲仲由]."

걸닉이 묻기를[曰]: "그대는 공구의 제자요[是魯孔丘之徒與]?"

자로가 대답하기를[對曰]: "그렇습니다[然]."

걸닉이 말하기를[桀溺曰]: "도도하게 흐르는 것은 천하가 다 그러한데, 누가 바꾸겠소? 또 그대는 사람을 피해 다니는 선비를 따르는 것이 어찌 세상을 피해 다니는 선비를 따르는 것만 하겠소[滔滔者天下皆是也, 而誰以易之? 且而與其從辟人之士也, 豈若從辟世之士哉]!" 그러고는 밭 가는 일을 멈추지 않았다[耰而不輟].

자로가 가서 이 일을 공자에게 고하자, 공자가 실망스러워하면서 말하기를[子路行以告, 夫子憮然曰]: "새나 짐승들과는 더불어 살 수 없으니 내가 누구와 더불어 산단 말인가? 천하에 도(道)가 있다면, 내가 바꾸려 하지 않을 것이다[鳥獸不可與同群, 吾非斯人之徒與而誰與? 天下有道, 丘不與易也]."

장저와 걸닉은 밭일을 하고 있는 은사였는데, 둘 다 공자와 그의 제자들의 이름을 알고 있었다. 한 명은 공자에 대한 태도가 냉담했고, 다른 한 명은 자로에게 자신들과 같은 대열에 들어오도록 권했다. 걸닉이 그렇게 말한 이유는, 그 근거가 견고하지 않다고 말할 수 없었다. 즉 그가 보기에, 공자와 같은 사람들은 일반적으로 어리석거나 잔혹하거나 이기적인 군주나 제후들 사이를 전전하면서, 이와 같이 근본적으로 실현 불가능한 목표를 추구하고 있었으니, 차라리 산림(山林)으로 피하여 세상과 다투지 않는 것만 못하다고 여겼다. 걸닉은 이러한 말이 적어도 일부분이라도 공자를 감동시킬 것으로 믿었기 때문에, 그는 낙담하며 탄식

▲ **적위격반(適衛擊磬)**: 공자가 위(衛)나라에 있을 때, 하루는 거처에서 석경(石磬)을 연주하고 있는데, 광주리를 둘러멘 사람이 문 앞에 오더니, 석경 소리를 듣고는 말하기를, "이 석경 소리에는 또 한 가지 생각이 담겨 있구 먼!"이라고 말하고 나서 잠시 후에 다시 말하기를, "어눌려서 높아지지 않는 소리를 들으면 알 수 있으니, 석경을 치는 사람은 견식이 좁고 천박하여, 그는 아무도 자기를 알아 주지 않는 것을 원망하고 있구먼. 아무도 알아 주지 않으면, 혼자서 좋아하면 그만인데, 구태여 원망할 필요가 있는가? 이 이치는, 마치 강을 건널 때, 물이 깊으면 옷을 입은 채 건너가고, 물이 얕으면 옷을 걷어 올리고 건너는 것과 같거늘." 그러자 공자가 탄식하며 말하기를, "이 말은 참으로 심오하구나! 하지만 애석하게도 쉽게 해낼 수가 없구나!"라고 말했다.

했지만, 결국 공자는 여전히 자기의 신념을 견지하였으며, 도(道)가 없는 세계에서 계속하여 자신의 제자들을 이끌고 그들의 이상을 전파했다. 아마도 다음과 같은 자로의 말이 공자의 생각을 가장 잘 설명해 줄 수 있을 것이다. "군자가 벼슬을 하는 것은, 그 의(義)를 행하는 것이다. 도(道)가 행해지지 않고 있다는 것은 이미 알고 있다.[君子之仕也, 行其義也. 道之不行, 已知之矣.]"(『논어』「미자」) 이루어지지 않는다는 것을 분명히 알면서도 그를 위해 힘쓰는 것, 바로 거기에는 분명 처량하지만 숭고한 정신이 존재한다.

바로 이렇게 공자는 고향을 떠나 제후국들 사이에서 14년간 배회했지만, 정치적으로는 여전히 이룬 것이 하나도 없었다. 노나라 애공(哀公) 11년(기원전 484년)에 계강자(季康子)와 제자 염유(冉有)의 부탁을 받고 공자는 위나라에서 노나라로 돌아왔는데, 그의 나이가 이미 68세였다. 계강자는 계환자의 계승자로서, 『사기』의 기록에 따르면 계환자는 공자가 노나라를 떠난 일에 대해 줄곧 후회하였고, 임종하기 전에 자신의 후계자에게 공자를 불러들이도록 부탁했다고 한다. 게다가 공자의 제자 염유는 계강자의 밑에서 관리가 되어, 군사적 재능으로 계강자에게 중요한 인재로 인정받고 있었는데, 그가 계강자에게 공자를 불러오도록 권했다. 『좌전』과 『사기』의 기록에 따르면, 계강자는 상당한 예우로 공자를 맞이하면서, 공자가 돌아온 것에 대해 말하기를, '이는 늦게 찾아온 영예'라고 했다 한다.

노나라에 돌아온 공자는 주로 교육 사업과 고대의 전적(典籍) 및 노나라의 역사를 정리하는 일에 정력을 쏟았고, 정치 참여에 대해서는 많은 관심을 기울이지 않았다. 이 때는 이미 새로운 세대들의 시대였고, 그의 몇몇 제자들, 예컨대 염유나 자로 등은 모두 계씨의 신하가 되어 있었다. 하지만 아쉽게도 제자들은 공자처럼 기개가 있지 않았다. 계강자는 세금을 무리하게 거둬들이고 정적들을 토벌했으며, 분수에 넘치게 예의를 갖추고 태산을 숭배하면서 여전히 사치스러운 생활을 했지만, 공자의 제자들은 이를 막지 못했다. 그 중 염유가 특히 사람들의 기대를 저버리고 계강자를 도와 돈을 거둬들이자, 공자는 그를 자신의 제자가 아니라고 했으며, 제자들에게 "북을 울려 공격하라.[鳴鼓而攻之.]"고 말했다.[『논어』 『선진(先進)』: "계씨는 주공보다 더 부유한데, 염유는 그를 위해 세금을 거둬 재산을 불려 주었다. 공자는 '염유는 나의 제자가 아니니, 그대들은 북을 울

▲ 노나라로 돌아오는 공자

리고 공격하라.'고 말했다.(季氏富於周公, 而求也爲之聚斂而附益之. 子曰: '非吾徒也. 小子鳴鼓而攻之, 可也.)"] 계강자와 노나라 애공은 공자에게 나라를 다스리는 대책을 물었지만, 공자의 가르침은 노나라의 통치자들에게 어떠한 영향도 주지 못했던 것 같다. 노나라 애공 14년(기원전 481년)에 제나라의 진항(陳恒)이 임금인 제나라 간공(簡公)을 시해하자, 공자는 조정에 찾아가서 노나라 애공에게 군대를 일으켜 토벌할 것을 요청했으나 이루어지지 않았다. 이것은 우리들이 알고 있는 공자의 마지막 정치 참여였다.

공자가 만년에 들어섰을 때 슬픈 일들이 연달아 일어났다. 그의 아들 공리(孔鯉)가 그보다 먼저 세상을 떠났으며, 그가 가장 좋아했던 제자 안연(顔淵)도 젊은 나이에 세상을 떠났다. 안연이 세상을 떠났다는 소식을 듣자, 공자는 "하늘이 나를 버리는구나! 하늘이 나를 버리는구나![天喪予! 天喪予!]"라며 슬퍼했다. 노나라 애공 15년에는 충성심이 가득한 제

▲ **치임별귀**(治任別歸): 제자들이 스승인 공자의 장례를 마치고 돌아가는 장면

자 자로가 위나라에서 비참하게 죽임을 당했는데, 이 불길한 소식이 풍전등화와 같은 공자에게 큰 충격을 준 것은 이상한 일이 아니었고, 그는 결국 큰 병에 걸린다. 자공(子貢)은 이런 소식을 듣고 자신의 스승을 찾아갔는데, 공자는 문밖에서 지팡이를 짚고 그를 맞이했다. 자공을 보고 공자는 감개무량해 하며 말하기를, "사[賜, 자공의 이름은 단목사(端木賜)]야, 너무 늦게 왔구나."라고 했다. 이어서 다음과 같은 노래를 불렀다. "태산은 무너지는가! 대들보가 부러지는가! 철인(哲人)도 세상을 떠나는가!" 이 노래를 마치고 그는 눈물을 흘렸다.[『사기』「공자세가」: "孔子因歎, 歌曰: '太山壞乎! 梁柱摧乎! 哲人萎乎!' 因以涕下."] 그로부터 오래지 않아 노나라 애공 16년(기원전 479년) 하력(夏曆)³ 2월 11일에 공자는 세상을 떠났는데, 향년 73세였다.

---

3 하력(夏曆): 중국 하(夏)나라 때 조정에서 사용했다는 역법(曆法)으로, 지금의 태음력에 해당한다.

공자가 세상을 떠난 지 11년 후(노나라 애공 27년, 기원전 468년)에, 애공은 '삼환'에게 패배하여 다른 나라로 피난했는데, 이는 노나라 공실(公室: 춘추전국 시대에 제후의 가족들, 즉 임금의 가문을 가리키는 말로, 여기에는 임금과 가까운 3대 이내의 친속들이 포함된다. '공실'은 제후 왕국 혹은 제후 정권을 가리키는 말로 쓰이기도 한다.)과 사적인 귀족 가문의 대결이 막을 내렸음을 대표하는 사건이었다. 이후 노나라의 임금은 작은 제후국들과 마찬가지로 삼환의 압박 아래에서 구차하게 명맥을 이어갔을 뿐이고, 전국칠웅의 정복 전쟁으로 소란스러운 와중에도 쥐죽은 듯이 조용히 지낼 뿐이었다. 기원전 256년에 노나라가 초나라에게 멸망하면서, 찬란했던 역사를 거쳐 온 이 나라는 마침내 전국의 봉화(烽火) 가운데에서 사라지고 말았다.

▲ 공묘(孔廟) 안에 있는 대성전(大成殿)

2. 높은 산처럼 우러러 흠모하다[高山仰止]
공자의 학술 사상

칼로 건립한 권력은 한때 잠시 빛을 발할 수 있을 뿐이지만, 종이에 붓으로 기록한 사상이야말로 진정으로 영구히 보전할 수 있다. 유대인의 제국은 이미 무너졌지만, 그들의 성서(聖書)는 지금까지도 수억 명의 사람들이 존숭하고 있으며, 알렉산더 대왕이 세계를 정복한 위업은 이미 연기처럼 사라졌지만, 그리스의 학교에서 탄생한 학술과 지혜는 지금까지도 여전히 우리들에게 깨우침을 주고 있다. 공자 사후(死後)의 명운(命運)과 그가 창립한 유가 학파의 역사는, 바로 이 법칙이 중국 고대에 가장 뚜렷이 표현되어 있는 것이다. 춘추 시대의 사회 변화는 주나라 초기의 성현이 세웠다고 전해지던 기존의 정치 체제를 격렬하게 파괴시켰으며, 전국 시대의 강대한 제후국들이 혼전을 벌이는 상황은 이 혼란한 국면을 더욱 요동치고 참혹하게 만들었다. 중국 역사에서 가장 유명한 군주이자 최초의 '황제'였던 진시황(秦始皇)은 모든 적수들을 무찌르고 전국을 통일하였다. 그가 의지했던 것은 강대한 군사력, 군사 중심의 사회 통제, 엄격한 법치, 잔혹한 살육 등등이었다. 종합해서 말하자면, 진시황을 가장 강대하게 만든 것들은 어느 하나라도 공자와 그의 유가 신도들이 격렬하게 반대하지 않은 것들이 없었으며, 유가 학자들이 신봉하고 숭상한 것들은 또한 모두 진시황이 싫어하는 것들이었다. 유생들과 황제의 대립으로 마침내 진나라 왕조는 다음과 같은 법령을 만들게 되었다. 첫째, 일반 백성들이 소장하고 있던『시경(詩經)』·『서경(書經)』과 제자백가들의 저술은 모두 관청으로 보내 소각해야 한다. 둘째, 말할 때『시경』과『서경』을 인용하는 사람은 저잣거리에서 사형에 처한다. 셋째, 옛날 일을 인용하여 지금 일을 비판하는 사람은 목을 벤다. 넷째, 각종 서적들을 은닉한 사람들은 경형(黥刑, 이마에 문신을 새기는 형벌)에 처하고, 성단(城旦, 낮에는 경계 근무를 서고, 밤에는 성을 쌓는 형벌, 즉 노예를 의미함)에 징발한다.『사기』의 기록에 따르면, 진시황은 "공자를 칭송하고 따르는[誦法孔子]" 수백 명의 서생(書生)들을 생매장했다고 한다. 진

▲ 진시황

(秦) 왕조의 군사적 업적은 매우 찬란하며, 세상 어느 것과도 비할 수 없어서, 설령 그것들이 땅속에 묻혀 있는 유적일지라도, 지금까지 여전히 사람들의 모골을 송연하게 만드는 기운을 지니고 있다. 그러나 이러한 것들이 진나라 왕조가 십 수 년 후에 멸망하게 되는 운명을 바꾸지는 못했는데, 유가의 관점에서 보면 진나라의 임금과 신하들이 했던 행위들이 바로 그들의 신속한 멸망을 불러온 것이었다. 진나라의

▲ 분서갱유(焚書坑儒)

뒤를 이어 일어난 한(漢)나라는 수십 년이 지난 다음에야 마침내 유학을 관리들의 정신적 이념으로 삼는 것을 승인했다. 이 때부터 비록 여러 차례의 곡절도 있었고, 도가(道家)나 불교(佛敎) 등 비슷한 정도로 강력하면서도 경쟁력이 있는 적수들이 있었음에도, 유학은 여전히 중국 고대의 사회·정치 및 사람들의 사상과 영혼을 주재하는 역량을 갖추고 있다고 여겨질 수 있었다. 오늘날에도 유교는 중국 사회와 중국인들의 영혼 세계에 깊은 흔적을 남겨 놓고 있다. 이렇게 중국에서 이 칼과 붓의 경쟁에서 여전히 붓이 승리를 거두었는데, 이 한 판의 승리는 당연히 공자로부터 기초를 다져온 것이다.

공자의 시호(諡號)와 호칭

공자는 후세 사람들에게 '문선(文宣)'이라는 시호를 받았다. 때문에 그는 '문선왕(文宣王)'이라고 불리기도 한다. 이른바 시호란, 죽은 사람이 살아 있는 동안에 정치나 덕행(德行) 등의 방면에서 이룩한 것들에 근거하여 표현하고 공표한 칭호인데, 한 글자 한 글자가 칭송하거나 폄하하는 무게감은 태산(泰山)과도 같다고 할 수 있다. '문(文)'과 '선(宣)', 이 두 글자는 모두 시법(諡法: 시호를 정하는 방법)에서 칭송하는 정도가 가장 높은 등급에 해당한다. 『일주서(逸周書)』「시법해(諡法解)」에는 "천하를 다스리는 것을 '문(文)'이라 하며, 도덕이 넓고 두터운 것을 '문'이라고 하며, 배움에 부지런하고 묻기를 잘하는 것을 '문'이라고 하며, 자애롭고 백성들을 사랑하는 것을 '문'이라고 하며, 백성들을 불쌍히 여기고 예(禮)를 베풀어 주는 것을 '문'이라고 하며, 백성에게 작위를 내려 주는 것을 '문'이라 한다.[經緯天地曰'文', 道德博厚曰'文', 學勤好問曰'文', 慈惠愛民曰'文', 愍民惠禮曰'文', 錫民爵位曰'文'.]"고 했으며, 또한 "성인과 같고 착하다고 두루 알려져 있으면 '선(宣)'이라 한다.[聖善周聞曰'宣'.]"고 했다. 비록 단지 간단한 두 개의 글자이지만, 내포하고 있는 뜻은 매우 깊고 넓음을 알 수 있다. 그 중에 '문(文)'은 성현(聖賢)에 대한 가장 높은 종류의 평가라고 할 수 있다. 주나라의 가장 위대한 군주는 문왕(文王)이며, 그의 아들은 무왕(武王)이라고 불리는데, 이 한 글자의 차이를 유가의 관점에서 본다면 두 임금이 덕행과 업적 등의 방면에서 이루

▲ 공자

었던 것들의 높고 낮음을 미묘하게 전달하는 것이자, 또한 문치(文治)와 무공(武功) 사이의 차이를 나타내고 있는 것이다. 이는 바로 공자가 말한 것처럼, 상고 시대 순(舜) 임금의 묘악(廟樂)인 '소(韶)'는 지극히 선하고 아름답다 할 수 있는데, 무왕의 묘악인 '무(武)'는 지극히 아름답지만 지극히 선하지는 않다고 말한 이유이다. 이러한 차이가 있게 된 까닭은, 바로 순 임금의 권력은 선양을 통해 평화롭게 얻었지만, 무왕의 정권은 무력을 통해 세워졌기 때문이다.[『논어』 「팔일(八佾)」: "子謂'韶': '盡美矣, 又盡善也.' 謂'武': '盡美矣, 未盡善也'."] 공자의 이러한 주장은 바로 그의 시호가 전달하는 아름다운 품행들과 서로 일치한다. 간단하게 말하자면, 정치 방면에서는 덕치(德治)를 제창하고 무력을 비판했으며, 교화를 제창하고 형벌을 비판했다. 개인 방면에서는 스스로를 돌아보는 도덕적 성찰을 제창하여, 수양을 통해 온전한 자신의 도덕적 소양을 발전시키도록 했다. 공자의 도덕적 성취와 후세에 대한 영향력은 바로 이 방면에서 구체적으로 드러난다.

공자와 '육경(六經)'

공자의 '문덕(文德: 문인이 갖춘 위엄과 덕망)'에서 가장 중요한 성취는 고대 전적(典籍)들과 노나라의 역사를 정리하고 편찬한 일이다. 공자가 정리하고 가공한 저작들은 공자 사상의 전달 매개체이자, 또한 후대의 유가 학자들이 극도로 존숭하면서 기나긴 세월 동안 계속 암송하고 독서하며 깊이 연구하는 경전이 되었다. 이 저작들은 '육경(六經)' 혹은 '육예(六藝)'라고 불리는데, 바로 『역(易)』, 『서(書)』, 『시(詩)』, 『예(禮)』, 『악

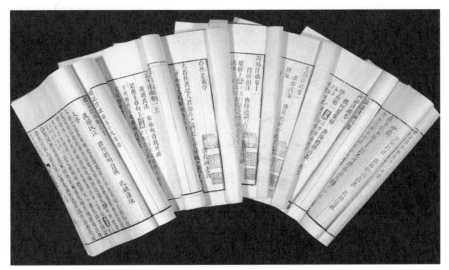

▲ '육경(六經)'

(樂)』, 『춘추(春秋)』이다. 『악』은 후대에 유실되었는데, 학자들은 『악』
은 문자로 세상에 전해지는 것이 아니었다고 여기고 있다. 따라서 이
들은 또한 '오경(五經)'(『역』, 『서』, 『시』, 『예』, 『춘추』)이라는 이름으로 불리
게 되었다. '경(經)'이란 중국 고대에서 가장 중요한 서적에 대한 호칭이
다. 이 이름은 비록 서양 종교의 경전과는 다르게 강렬한 초월적인 의
미와 신성함을 갖추고 있지는 못하지만, 중국의 옛 사람들은 '경'은 사
회·정치·인도(人道: 사람이 지켜야 할 도리)·윤리 등 다양한 영역들의 영
원한 질서를 전해 준다고 보았다. 때문에 '오경'이 중국 고대 사회에서
발휘한 역할과 지위는 바로 서양의 종교 경전에 해당했다. 옛 사람들
은 일반적으로 '오경'은 모두 공자의 편찬과 수정을 거쳤으므로 공자
의 사상을 전달한다고 생각했다. 동한(東漢)의 역사학자인 반고(班固)
가 저술한 역사서인 『한서(漢書)』에서는 다음과 같이 말하고 있다. "주

나라의 도(道)는 이미 쇠미해졌고, 유왕(幽王)과 여왕(厲王) 때에 무너졌다. 예악(禮樂)과 정벌(征伐)이 제후로부터 나오면서 2백 년간 쇠퇴했는데, 공자가 일으켜 세웠다. ……고금의 전적(典籍)을 궁구하고 살펴서…… 이에 『서』를 서술하고 「요전(堯典)」을 나누었으며, 음악을 거행하고 「소무(韶舞)」를 본보기로 삼았으며, 『시』를 논하여 「주남(周南)」을 첫 번째로 삼았다. 주나라의 예(禮)를 계승하여 노나라 『춘추』의 기록을 이어 나갔는데, 열두 명의 임금들이 행한 일들을 들어서 문왕과 무왕의 도로써 그를 바로잡고, 한 시대의 법[一王法]을 완성했으나, (한 무제가-옮긴이) 기린을 잡은 해에서 멈추었다. 만년에는 『역』을 좋아하여 죽간을 묶은 가죽 끈이 세 번이나 끊어질 정도로 읽었고, 이것을 보충하는 『전(傳)』을 지었다. 이들은 모두 성인(聖人)의 일에 가까운 것들로서, 선왕(先王)의 가르침을 세운 것이었다. 그러므로 '서술하기만 하고 지어 내지는 않았으며, 옛 것을 믿고 좋아했다.'고 말씀하셨다.[周道 旣衰, 壞於幽厲, 禮樂征伐自諸侯出, 陵夷二百餘年, 而孔子興. ……究觀古今之典 籍, ……於是敍『書』則斷「堯典」; 稱樂則法「韶舞」; 論詩則首「周南」. 綴周之禮, 因魯『春秋』, 擧十二公行事, 繩之以文武之道, 成一王法, 至獲麟而止. 蓋晚而好 『易』, 讀之韋編三絕, 而爲之『傳』. 皆因近聖之事, 以立先王之敎, 故曰: '述而不作, 信而好古'.]" 이 말은 바로 옛 사람들이 '오경'과 공자의 관계에 대해 일반적으로 이해하고 있던 바를 논술한 것이다. 여기에서 두 가지 점은 주의를 기울일 만한 가치가 있다. 첫째, 공자가 '오경'을 바로잡은 목적은 "선왕의 가르침을 세우는 것[立先王之敎]"이었다는 점이다. 공자의 일생을 소개하는 부분에서 서술했듯이, 공자의 마음속에 있던 이상 사회의 모습은 고대에 있었으며, 바로 고대의 성현들이 창조한 것이었다. 공자의 이상은 바로 당시의 혼란하고 부패한 새로운 세상에서 전통의 예교(禮敎)와 덕치(德治)의 이념을 추진해 나가는 것이었다. 둘째, 이것은 아주 흥미로운 점인데, 바로 공자가 저술하면서 취했던 방식이 "(전해오는 것을) 서술하기는 했지만, (자신의 주장을) 지어 내지는 않았다[述而不作]"는 점이다.[『논어』 「술이(述而)」: "述而不作, 信而好古, 竊比於我老彭." 이 문장의 의미는, "서술하기만 하고 지어 내지는 않았으며, 옛 것을 믿고 좋아하니 스스로 나를 노팽(老彭)에 비교할 수 있을 것이다."이다. 노팽은 사람 이름으로, 노자와 팽조(彭祖)를 합쳐서 부른 명칭이라는 주장이 있다. 그러나 공자와 서로 잘 알고 지냈던 친구의 이름일 가능성도 있다.] 이는 '오경'이 결코 공자가 창작한 것이 아니며, 그가 고대의 전적과 노나라의 역사를 근거로 개편(改編)하여 완성한 것임을 말해 주고 있다. 이것은 그리스의 철학자 플라톤이 자신의 스승인 소크라테스를 주인공으로 삼아 그의 대화록을 저술했던 방식과 유사한 면이 있다. 공자는 왜 자신의 저작을 독자적으로 저술하지 않았을까? 고대 학자들의 견해에 따르면, 예(禮)를 제정하고 음악을 창작하는 것은 천하의 왕 노릇을 하는 사람만이 할 수 있는 일인데, 공자는 분명 여태껏 왕의 지위에 있지 않았으니, 만약 자신이 새로운 경전을 저술

▲ 곡부(曲阜)에 있는 공자가호비(孔子加號碑): 시호나 존호(尊號) 이외에 호를 추가하는 것을 '가호'라 한다.

▲ 퇴수시서(退修詩書): 공자가 관직에서 물러나 고향에서 『시경』과 『서경』을 편수하는 장면

하고 예법을 반포한다면, 그것이야 말로 권한을 남용하는 것이었으므로, 공자의 입장에서 이것은 당연히 절대로 행할 수 없는 일이었다는 것이다. 이러한 해석이 합리적인지 그렇지 않은지 우리가 알 수는 없다. 실제로 '오경'을 언급할 때, 우리는 항상 오늘날의 관점에서 보면 자못 기괴하고 의심스러운 말들을 종종 마주치게 된다. 서양의 종교와 고대 경전의 발생을 둘러싼 거대한 규모의 해석학과 마찬가지로, 중국 고대의 '오경'과 관련이 있는 학문은 '경학(經學)'이라고 불린다. 경학은 중국 고대에 가장 번성하고 심오한 경지에 이르렀지만, 또한 가장 잡다하고 자질구레한 학문이었다. 그 중에는 물론 탁월한 견해가 없었던 것은 아니지만, 수많은 허망한 주장들이나 미신과 관련된 말들도 존재할 뿐 아니라, 학자와 학파가 달라서 생겨난 차이점들도 수없이 많다. 심지어 '육경'의 배열 순서와 같은 기본적인 문제에서도 서로 다른 설명과 각자의 일

리 있는 해석들이 존재하고 있으니, 그 나머지는 생각해 보면 알 수 있을 것이다. 때문에 아래에서 우리는 '오경'과 관련한 통상적인 설명들을 소개할 수밖에 없으며, 때로는 분석하는 일을 진행할 수밖에 없다.

『역(易)』

『역경(易經)』은 '오경' 가운데 가장 심오한 책이라고 말할 수 있지만, 그 본질을 말하자면 점치는 데 사용한 책이었다. 고대 그리스에서 사용했던 것처럼, 새가 나는 모양을 보고 치는 점이나 혹은 동물의 내장을 보고 치는 점과는 달리, 중국의 상고 시대에는 주로 거북과 시초(蓍草: 국화과의 여러해살이풀로, 잎이 톱처럼 생겼기 때문에, 우리나라에서는 '톱풀'이라고 함)를 사용하여 점을 쳤다. 거북점[龜占]이란 거북의 껍질이나 혹은 짐승의 뼈에 구멍을 뚫고 불에 가열한 다음, 갈라지는 모양에 근거하여 길흉을 예고한다. 현대에 이르러, 상(商)나라와 주나라의 취락(聚落) 유적에서 이러한 용도로 사용한 뼈 조각들이 대량으로 발굴

▲ 제사수렵도주우골각사(祭祀狩獵塗朱牛骨刻辭) (상): 이것은 소의 견갑골(肩胛骨: 어깨뼈)에 각사(刻辭: 글을 새김)하여 기록한 것인데, 앞면에는 네 항목, 뒷면에는 두 항목의 내용을 새겼으며, 모두 160여 자이다. 글자 속에 주사(朱沙)를 채워 넣었다. 앞면의 각사는 주로 각종 제사를 지낸 내용이며, 뒷면의 각사는 천문 현상에 대한 내용이다.

되었는데, 은허[殷墟, 은나라(상나라)의 옛 수도 유적]에서 발굴한 뼈 조각 위에 점을 친 결과를 기록하는 데 사용한 문자는 바로 중국에서 가장 오래된 성숙한 문자인 갑골문이다. 시초점을 치는 방식은 이와 다른데, 시초를 이용하여 복잡한 절차를 거쳐 도식[괘상(卦象)]을 도출해 내고, 다시 이를 근거로 점을 치는 방법이다. 고대인들이 보기에 거북점은 시초점보다 더욱 우월했지만[『좌전』「희공(僖公) 4년」: 시초점은 열등하고 거북점은 우월하다.(筮短龜長.)], 지금까지 전해지는 것은 후자인 시초점이다. 그리고 『역경』은 바로 시초점을 치는 방식과 밀접한 관계가 있는 책이다.

유가의 기록을 중심으로 살펴본다면, 『역경』은 아득한 기원과 화려한 역사를 담고 있다. 『역경』의 창작자는 복희씨(伏羲氏)라고 불리는 상고 시대의 성군으로, 심지어는 중화 문명의 시조라고까지 여겨진다. 전하는 말에 따르면, 복희씨는 천지 사이의 여러 물상(物象)에서 취하여 팔괘(八卦)를 확정했으며, 이것을 가지고 천지만물의 본성을 묘사해 냈다고 한다.[『역(易)』「계사 하(繫辭 下)」: "옛날 포희씨(包犧氏: 복희씨를 가리킴)가 천하의 왕이 되어, 우러러보며 하늘의 상(象)을 살피고, 굽어보며 땅의 법(法)을 살피고, 새와 짐승의 무늬와 땅의 마땅함을 살폈으며, 가까이로는 몸에서 얻고, 멀리는 다른

▲ 복희(伏羲)

사물에서 얻었다. 이리하여 처음으로 팔괘(八卦)를 지으니, 신명(神明)의 덕을 꿰뚫고, 만물의 정(情)을 비교했다.(古者包犧氏之王天下也, 仰則觀象於天, 俯則觀法於地, 觀鳥獸之文與地之宜, 近取諸身, 遠取諸物, 於是始作八卦, 以通神明之德, 以類萬物之情.)"] 은나라 말기에, 훗날 주나라 문왕이라고 존숭되어 불리게 되는 서백(西伯) 희창(姬昌)은 은나라의 임금 주왕(紂王)에 의해 유리(羑里)라는 감옥에 구금되었는데, 이 때 그는 복희씨의 팔괘를 확충하여 64괘를 만들고, 동시에 괘사[卦辭, 단사(彖辭)라고도 함]와 효사(爻辭)를 지었다. 춘추 시대에 이르러, 『사기』「공자세가」의 기록에 따르면, 공자는 『역』을 보완하여 「단(彖)」, 「상(象)」, 「문언(文言)」, 「계사(繫辭)」, 「설괘(說卦)」, 「서괘(序卦)」, 「잡괘(雜卦)」 등 7종 10편의 『역전(易傳)』을 지었다고 하는데, 이를 '십익(十翼)'이라고도 부른다. 그리하여 『역경』은 현재 우리가 보고 있는 형태를 이루었다. 즉 첫째, 『역경』은 64괘(卦)가 핵심이 되고, 하나의 괘는 6개의 효(爻)로 이루어지는데, 각각의 효는 양효(陽爻, —)이거나 음효(陰爻, ‒‒)이다. 둘째, 각각의 괘에는 괘사(단사)와 효사가 있어서, 괘상(卦象)에 대한 해석을 진행한다. 셋째, '십익'은 괘상·괘·효사 및 『역』에 대해 더욱 깊이 있게 서술하고 있다.

유가 학자들의 해석에 따르면, 『역경』은 사실상 여러 성현들이 대(代)를 뛰어넘어 계승하고 축적하여 완성했다는 것을 어렵지 않게 알 수 있다. 복희씨·주나라 문왕·공자, 이들 세 사람이 완성한 저작이니, 그 중요성은 생각해 보면 알 수 있다. 많은 경학들의 기본적 문제와 마찬가지로, 『역경』의 저자 및 편찬 과정 등의 문제들은 모두 논쟁이 치열했던 학술적 전쟁터였다. 예를 들어, 어떤 사람들은 주나라 문왕은 단지 단사(彖辭)만을 썼으며, 효사(爻辭)는 또 다른 주나라의 성현인 주공(周公)

▲ **독역유감(讀易有感):** "주역을 읽으며 탄식하다"라는 뜻이다. 『주역』에 푹 빠진 공자가 '주역'의 '손괘(損卦)'와 '익괘(益卦)'를 읽다가 탄식했는데, 자하가 그 이유를 묻자, 공자는 "줄어드는 것은 늘어나기 위함이고, 늘어난 것은 다시 줄어들 수 있으니, 그러므로 내가 탄식한 것이다."라고 답했다. 즉 겸허하게 자신을 낮추고, 다른 사람의 생각을 받아들일 수 있어야 자신의 학문이 발전한다는 뜻이다.

이 완성한 것이라고 주장한다. 어떤 학자들은 복희씨 시절에 이미 64괘로 발전했다고 여긴다. 그리고 또 공자를 존숭하는 어떤 학파에서는, 괘사·효사·십익이 모두 공자의 작품이라고 생각하는 것 등등이다. 그러나 많은 학설들이 분분한 가운데에서도 『역경』은 성현들이 저술한 것이며, 또한 공자의 공헌이 막대하다는 관점은 모두 일치한다. 때문에 점을 치는 이 책이 후세의 유가 학자들에 의해 경전으로 인식되었으며, 세대를 이어 오면서 읽히게 된 것은 결코 이상한 일이 아니다. 특히나 오묘하고 함축된 뜻이 풍부한 책이므로, 후세 학자들로 하여금 엄청난 정력을 소모하면서 수없이 많은 서로 상이한 학설들을 창조하도록 만들었는데,

그것들 중 어떤 것은 꽃처럼 잠깐 나타났다가 사라졌으며, 어떤 것은 지금까지도 전해지고 있다.

　현대의 관점에서 보면, 『역경』에 관련된 이야기들은 믿을 수 없는 점들이 많다. 설령 옛 사람들이 일반적으로 공자의 손에서 나온 '십익'을 믿었다고 하더라도, 각 편들 사이의 현저하게 다른 문장 스타일은 그것들이 결코 한 사람의 손에서 나오지 않았음을 증명하고 있다. 그러나 공자가 『역』을 중시했다는 것은 역사서에 명확하게 기록되어 있다. 『논어』「술이」

에는 "'나에게 몇 년의 시간이 더 있어 나이 50에 『역』을 배웠으니 큰 과오는 없으리라.[子曰: 加我數年, 五十而學易, 可以無大過矣].'"(이 말의 해석에 대해서 많은 이설(異說)들이 있다.)라는 말이 있으며, 『사기』에는 공자가 『역경』을 연구하며 읽는 데 매우 공을 들이다 보니, 죽간을 묶은 소가죽 끈이 여러 번 닳아서 끊어졌다고 한다.[『사기』「공자세가」: "공자가 만년에 『역』을 즐겨 읽었으므로……가죽끈이 세 번 끊어졌다.(孔子晚而喜『易』… 韋編三絕.)"] 이를 통해 공자가 『역』에 대해 매

▲ 위편삼절(韋編三絕): "서책을 묶은 가죽 끈이 세 번 끊어지다."라는 뜻이다. 공자는 한때 『주역』 연구에 몰두했는데, 여러 번 반복하여 읽는 바람에 죽간(竹簡)을 묶은 쇠가죽 끈이 닳아서 세 번이나 끊어졌다고 한다.

우 깊이 있게 파고들었음을 알 수 있다.

역대 경학 연구자들이 과장한 신비스러운 색채들과 각종 과도한 해석들을 제외하면, 『역』은 상당히 심오하고 흥미로운 책이다. 이 책은 고대인들이 세계를 이해하고 해석하려 했던 노력을 대표한다. 그 노력의 성과는 바로 이와 같이 기본적인 두 개의 부호, 즉 '—'와 '--'로 결론을 도출하여 자연의 도리와 세상의 일을 해석하는 간결하면서도 오묘한 구조인데, 이는 자연계의 천지 운행, 사계절의 변화, 인간 세계의 흥망성쇠, 길흉화복 등등을 포함하고 있다. 『역경』은 종종 형상을 비유하는 것으로 이치를 설명하는데, 공자의 해석에 따르면, 이것은 『역』의 저자가 언어와 문자로 전달할 때의 한계성을 고려했기 때문이라고 한다.

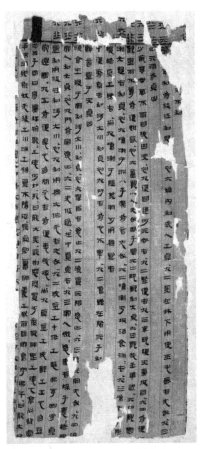

▲ 백서(帛書: 비단에 기록한 책) 『주역』

[「계사 상(繫辭 上)」]: "공자께서 말씀하길, '글로는 말을 다 전하지 못하고, 말로는 뜻을 다 전하지 못한다.'고 했다. 그렇다면 성인(聖人)의 뜻은 볼 수 없단 말인가? 공자는 다음과 같이 말씀했다. '성인께서는 만물의 형상을 세워 뜻을 다하시고, 괘(卦)를 만들어 참과 거짓을 다하시고, 글을 이어서 말씀을 다하시고, 변통(變通)으로써 이로움을 다하시고, 북을 치고 춤을 추는 것으로써 신묘함을 다하셨다.(子曰: '書不盡言, 言不盡意', 然則聖人之意, 其不可見乎? 子曰: '聖人立象以盡意, 設

卦以盡情僞, 繫辭焉以盡其言,
變而通之以盡利, 鼓之舞以盡
神.')]" "만물의 형상을 세워
뜻을 다한[立象以盡意]" 결
과, 『역경』의 문장은 형상적
이고 생생해졌는데, 말의 취
지는 오히려 감춰져 있어 애
매모호함을 피할 수 없으
며, 형상 그 자체의 다의성
(多義性)은 또한 여러 가지
로 해석할 수 있는 편리한

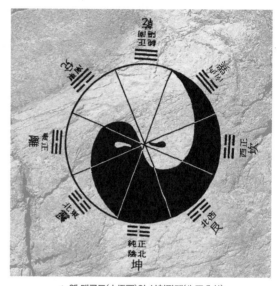

▲ 옛 태극도(太極圖)와 선천팔괘(先天八卦)

문을 활짝 열어 놓고 있다. 『역경』의 신비성은 아마도 바로 여기에서 비
롯되었을 것이다. 그 밖에 모든 철학 서적들이 우리에게 가르침을 주듯
이, 『역경』 특히 『역전(易傳)』[송대(宋代)의 유학자인 정이천(程伊川)이 『역경』을
주석한 책-옮긴이] 가운데에는, 옛 사람들이 세계의 본질과 운행 규칙에
관해 밝힌 소박하지만 반드시 심오하지 못하다고는 할 수 없는 견해들
도 있으며, 그 중의 일부 서술들은 자못 변증법적인 논리까지 갖추고 있
다. 『역경』에는 서로 대립하면서 서로 어울리는[相對相生] 다종다양한 명
사들로 가득한데, 이 명사들의 원형은 바로 '양(陽)'과 '음(陰)'이며, 각각
서로 다른 영역에서 서로 다른 성질들을 나타낸다. 예를 들면 홀수[奇]
와 짝수[偶], 강함[剛]과 부드러움[柔], 더하기[益]와 빼기[損], 임금[君]과
신하[臣] 등등이 그러한 것들이다. 「계사(繫辭)」에서 말하기를, "한 번 '음
(陰)'이고 한 번 '양(陽)'인 것을 도(道)라고 한다.[一陰一陽謂之道.]"고 했다.

바로 이러한 명사들의 상호 대립, 상호 의존, 상호 변화를 통해, 『역경』
은 자연과 사회에 관한 완전한 이론 체계를 구성해 냈다. 2천여 년 전의
고대에, 이는 틀림없이 사람들을 놀라게 한 사상적 성취였을 것이다.

『서(書)』

『사기』「공자세가」에서 기록하기를, "공자의 시대에 주나라 왕실이 쇠
미해져 예악(禮樂)은 황폐해지고, 『시(詩)』와 『서(書)』는 훼손되었다. 이에
공자는 삼대[三代: 하(夏)·상(商)·주(周)의 세 왕조]의 예를 거슬러 올라가
『서전(書傳)』을 기술하였는데, 위로는 요 임금과 순 임금의 시대를 기록
하고, 아래로는 진(秦)나라 목공(繆公)에 이르기까지, 그 사건에 따라서
순서대로 엮었다. 공자는 다음과 같이 말했다. '하(夏)나라의 예는 내가
말할 수 있지만, 후대인 기(杞)나라는 그것들을 증명하기에 부족하다. 은
(殷)나라의 예는 내가 말할 수 있지만, 송(宋)나라에 대해서는 그것들을
증명하기에 부족하다. 문헌이 충분하다면 나는 그것을 증명할 수 있을
것이다.' 은나라와 하나라의 예(禮) 가운데 부족하거나 더해진 것을 보고
다음과 같이 말했다. '후대에 비록 백 세대가 지난다 할지라도 알 수 있
으니, 한 번은 화려하고 한 번은 질박하다. 주나라는 하나라와 은나라
를 거울로 삼았으므로, 풍요롭고도 다채롭다. 나는 주나라의 예를 따르
겠다.' 그러므로 『서전』과 『예기(禮記)』는 공자로부터 편찬된 것이다.[孔子
之時, 周室微而禮樂廢, 『詩』·『書』缺. 追迹三代之禮, 序『書傳』, 上紀唐虞之際, 下
至秦繆, 編次其事, 曰: '夏禮吾能言之, 杞不足徵也, 殷禮吾能言之, 宋不足徵也, 足
則吾能徵之矣.' 觀殷夏所損益, 曰: '後雖百世可知也, 以一文一質. 周監二代, 鬱鬱

乎文哉. 吾從周.' 故『書傳』·『禮記』自
孔子.]"라고 했다.

이 글이 기록하고 있는 것은
공자가 『서』와 『예』에 대해 정리
했다는 사실이다. 『서』는 『상서(尙
書)』라고도 하는데, 당대(唐代)의
경학가(經學家)인 공영달(孔穎達)
에 따르면, 상(尙)은 곧 상(上)이
라고 한다. 그렇다면 '상서(尙書)'
는 상고(上古) 시대부터 전해져 오
는 책이라는 뜻이다. 이러한 이
름과 『사기』의 기록을 결합해 보
면, 우리는 이 책의 성격을 이해

▲ 『상서(尙書)』

할 수 있다. 즉 이 경전의 성격은 상고 시대의 요 임금과 우 임금 시대부
터 시작하여, 서주(西周) 시대의 진(秦) 목공까지의 고대 문헌자료 모음집
이라는 성격을 띠고 있는데, 『서』에서 이 두 시대를 대표하는 것은 「요전
(堯典)」과 「진서(秦誓)」라는 두 편의 글이다. 『상서』에 수록된 문장은, 「우
공(禹貢)」 등 비교적 특수한 것들을 제외하면 대부분 고대 관부(官府)의
문헌으로, 당시의 임금이나 유명한 신하의 말과 사적(事跡)들을 기록하
고 있다. 유가의 관점에서 본다면, 이 문장들은 공자가 고대 문헌들로부
터 정리하고 편찬하여 『상서』를 만들었으므로, 그 속에는 상고 시대 정
치 사상의 정수(精髓)가 담겨 있다.

그러나 다른 경전들과 마찬가지로 『상서』의 원문과 그것이 전해 온 과

▲ 사마천(司馬遷)

정들도 문제가 매우 많은데, 심지어 『상서』는 '오경' 중에서 가장 많은 논쟁을 불러일으키는 경전이다. 비록 『상서』의 처음과 끝에 있는 두 편의 문장은 매우 확실한 것이라 하더라도, 그 사이에 있는 것들은 확실치 않다. 이러한 국면을 조성하는 데 가장 나쁜 역할을 한 사람이 바로 진시황인데, 진나라가 실시한 엄혹한 장서(藏書) 통제가 유가 경전들을 포함한 선진(先秦) 시대의 전적들을 대량으로 유실되게 하였다.(그러나 진나라는 농경·식목(植木) 등 농업 기술 서적과 점(占)에 관련된 서적은 금지하지 않았다. 『역』은 점을 치는 책으로 여겼기 때문에 이러한 위기를 피할 수 있었다.) 한대(漢代)에 관부에서는 경학을 장려하기는 했지만, 단지 노년에 접어들어 기력이 쇠해 버린 원로 학자들[예를 들어 복생(伏生) 등]의 기억에 의지하여 다시 새롭게 『상서』의 글을 정리하거나, 혹은 전국 각지를 탐방하여 옛 서적들을 수집하거나, 오래된 집의 무너진 벽에서 당시 벽 속에 감추어 두었던 『상서』의 일부를 찾아낼 수 있었을 뿐이었다. 이러한 노력의 결과, 한나라의 관학(官學)에서 승인한 『상서』는 모두 28편 이었다.(혹은 29편이라고도 하는데, 이는 「태서(泰誓)」를 추가한 것이다.) 이 29편이 결코 선진(先秦) 시기에 존재했던 『상서』의 전체 모습은 아니었다. 반드시 알아 두어야 할 것은『상서』가 선진 시기에는 결코 유학만의 전유물이 아니었다는 사실인데, 유가와 대립한 학파였던 묵가(墨家)의 경우, 그 저술에서『상서』를 인용한 것이 유가의 저작들보다 많다. 그러나 이들이 인용했던 글귀들은 상당수가 한나라 사람들이 찾아서 정리했던『상서』에는 결코 보이지 않는다. 한나라 시기에는 공자가 지었다고 여겨지는 백 편의『서서(書序)』가 전해지고 있었는데, 이 책에는 요점을 정리한 짧은 글들을 수록하여『상서』에 수록된 각 장(章)들이 창작된 연유들을 소개하였다. 하지만 여기에 기록된 많은 편목(篇目)들도 마찬가지로 한나라 사람들은 볼 수 없었다.『상서』의 편목들이 대량으로 유실됨으로써, 이 책이 한나라 이후의 전승 과정에서 복잡하게 뒤섞여 구분하기 어려워지고 진위를 판별할 수 없게 되었다는 색채를 덧씌웠다. 실제로 한나라 때의 장패(張霸)라는 사람이 백 편의 『상서』를 위조하여 조정에 바쳤는데, 사람들이 거의 속아 넘어갈 뻔했다. 그로부터 수백 년이 지난 진(晉)나라 때, 서한(西漢)의 경학가인 공안국(孔安國)이 주석을 달았다는『고문상서(古文尚書)』58편이 갑자기 나타났는데, 거기에는 위에서 언급했던 29편(단지 그것을 쪼개서 33편로 만들었을 뿐임)이 포함되었다. 공안국은 실존 인물로, 사마천이 그에게 학문을 배운 적이 있었으니, 이른바 '고문상서'라는 것은 한대에는 여전히 헛말이 아니었다. 때문에 이『상서』는 관부로부터 매우 신속하게 승인을 받았으며, 또한 당대(唐代)에도 관변 학자들의 정리와 주석 작업을 거치면서 그 권위를 확립했다. 그 후 장구한 시간 동안 유가 학자들로부터 연구와 추앙의 대상이 되었다.

그러나 공안국이 주석했다는 이『상서』는 천 년의 세월이 흐른 청(淸)

▲ 주희(朱熹)

나라 때에야 마침내 위조된 것이라는 사실이 밝혀지게 된다. 이러한 성과(만약 당신도 이것이 성과라는 것을 동의한다면)는 보통 염약거(閻若璩)라는 학자 덕택인데, 그는 20여 년간의 고찰을 통해, 이『고문상서』의 25편 및 이른바 공안국의 주석에는, 후대에 만들어지고 위조된 흔적이 있다는 것을 밝혀 냈다. 이후 일부 청나라 학자들의 보충과 완성을 통해, 이것이 점차 사실로 판명되자, 후세 사람들은 이 '고문상서'를 언급할 때, 그 앞에 '위(僞)'라는 글자를 붙이게 되었다. 이러한 고증의 결론은 당시에 거대한 충격을 주었는데—로마 교회가 위조한 「콘스탄티누스의 기증(Donatio Constantini)」[1]이라는 문서가 폭로된 다음의 영향을 기억하고 있듯이—, 이에 대한 의구심과 논박도 나타나고 있으며, 오늘날까지도 그 여파는 여전히 이어지고 있다.

사실 염약거보다 오래 전부터 많은 유학자들은『위고문상서(僞古文尙

---

1 「콘스탄티누스의 기증(Donatio Constantini)」: 로마 황제 콘스탄티누스 1세(Flavius Valerius Aurelius Constantinus, 272~337년)가 교회에 토지를 주었다는 내용이 담긴 문서를 가리킨다. 이 문서는 중세 시기 동안 세속의 황제 및 여러 군주들에 대한 교황의 우위를 증명하는 것이라고 여겨졌다. 그러나 르네상스 시기의 인문주의자인 로렌초 발라(Lorenzo Valla, 1407~1457년)에 의해, 이 문서는 조작된 것으로 밝혀졌다.

書)』에 대해 회의적인 태도를 견지하고 있었다. 예를 들어 송대(宋代)의 학자인 주희(朱熹)는 이 『상서』가 아마도 '가짜'일 거라고 말했다. 그런데 주희 같은 사람들에 비해, 청나라 학자들의 의구심이 더욱 강했고, 연구 방법이 더욱 엄밀했기 때문에, 결론도 더욱 확정적이었을 뿐이었다. 주희는 진(秦)·한(漢) 시기 이후로 가장 중요한 유학자라고 할 수 있는데, 그는 『위고문상서』에 대해 완곡하게 비판했을 뿐

▲ 주희가 책을 저술하는 모습을 그린 그림

만 아니라, 심지어 당시에 공자가 지었다고 공인받고 있던 『서서(書序)』도 신뢰하지 않아, "결단코 공자의 저작이 아니다."고 했다. 이를 통해 알 수 있는 것은, 공자가 『상서』를 정리한 것이 역사서에 명확하게 기재되어 있고, 『논어』에 공자와 제자들이 『상서』의 문장에 대해 토론했다는 내용이 실려 있지만, 구체적으로 『상서』의 원문에는 여전히 많은 의문점들이 존재하고 있다는 점이다.

오늘날 우리가 『상서』를 읽는다면, 믿을 수 있는 원문은 청나라 학자들이 정리한 29편뿐이다. 『상서』의 글은 매우 오래되고 심오하여, 설령 학식이 넓고 깊은 학자라 할지라도 그것들을 이해하는 것이 쉬운 일이 아니다. 그러나 『상서』는 진귀한 상고 시대 자료들을 상당수 보존하고

있는데, 거기에 담겨 있는 정치 이념, 예를 들어 천명관(天命觀)·군권천수(君權天授)·종법관념(宗法觀念) 등은 중국 고대의 사회와 정치 형태에 대해 기초를 다지는 역할을 했다. 따라서 중국 고대 문명을 이해하고자 한다면, 『상서』는 반드시 읽어야 할 저작이다.

『시(詩)』

『시』는 고대 시가(詩歌) 모음집으로, 모두 305편이며, '풍(風)', '아(雅)', '송(頌)' 세 부분으로 나뉜다. 그 가운데 '풍'은 지역을 기준으로 15개 국풍(國風)으로 나뉘며, '아'는 '대아(大雅)'와 '소아(小雅)'로, '송'은 '주송(周頌)', '노송(魯頌)', '상송(商頌)'으로 나뉜다. 『사기』의 기록에 따르면, 고대에 전해지던 시가는 모두 3천여 편이라고 하는데, 공자는 그 중 서로 중복되는 부분을 제외하고 예의(禮義)에 합치되는 작품들 총 305편을 골라내어 『시경』을 편성했다고 한다.(『사기』 「공자세가」) 앞에서 언급했던 많은 상황들과 마찬가지로, 이처럼 확실한 기록이라 해도 실제로는 진실과 거짓이 반반이다. 우리가 확실히 알 수 있는 것은, 공자는 분명히 『시』를 매우 중시했다는 사실이다. 『논어』에는 공자와 제자들이 『시』를 토론한 내용이 매우 많은데, 분량으로만 본다면 분명 '오경' 가운데 가장 많다고 할 수 있다. 공자는 제자들을 교육하면서 다음과 같이 말했다. "너는 「주남(周南)」과 「소남(召南)」을 배웠느냐? 사람으로서 「주남」과 「소남」을 배우지 않으면, 그것은 마치 담장을 마주보고 서 있어서 더 나아가지 못함과 같으니라.[女爲 「周南」·「召南」 矣乎? 人而不爲 「周南」·「召南」, 其猶正牆面而立也與?]"(『논어』 「양화」) 「주남」과 「소남」은 둘 다 15개 국풍에 속해 있으

一月三捷駕彼四牡四牡騤騤
君子所依小人所腓四牡翼翼
象弭魚服豈不日戒玁狁孔棘
昔我往矣楊柳依依今我來思
雨雪霏霏行道遲遲載渴載飢
我心傷悲莫知我哀
采薇

▲ 『시경』의 그림이 있는 쪽

며, 오늘날 우리들이 『시경』을 열어 보면 가장 먼저 이 두 개의 장(章)을 볼 수 있으므로, 이것들은 『시』를 대표한다고 할 수 있다. 공자는 이들에 대한 이해가 없다면 식견이 낮은 사람이라고 보았다.

사실 이것은 단지 공자 한 사람만의 생각은 아니었다. 역사 기록에 따르면, 우리는 공자가 정리하기 이전에도 『시』가 이미 유행하고 있었음을 어렵지 않게 발견할 수 있다. 이는 고대 그리스에서 『호메로스(Homeros) 서사시』에 정통했던 이온(Ion)이라는 시인이 큰 명성을 얻었던 것과 마찬가지로, 공자가 살았던 춘추 시대에 『시』는 사대부들의 필수 교양 중 하나였다. 『좌전』에는 이와 관련된 많은 사례들이 기록되어 있는데, 예컨대 외교 현장에서 사대부들이 시가를 암송(아마도 노래로 불렀을 것이다.)함으로써 칭찬하거나 폄하하는 의견을 표현하였다. 이 때 만약 이를 상황에 맞게 사용했다면 당연히 칭찬을 받았을 것이며, 이러한 수양이

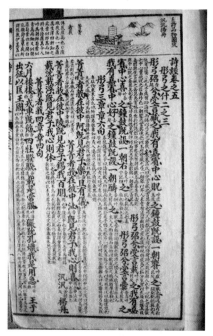
▲ 『시경』 독본(讀本)

부족했다면 사람들에게 조소를 받았을 것이다. 공자가 "『시』를 배우지 않으면 말을 할 수 없다.[不學『詩』, 無以言.]" 『논어』「계씨(季氏)」고 했는데, 이는 『시』가 군자의 언어와 사령(辭令: 응대하는 말) 수준을 높이는 데에 중요한 역할을 한다는 것을 지적한 것이다. 공자는 "시(詩) 삼백 편을 암송한다 하더라도, 정사에 그것을 활용하는 데 통달하지 못하여 제대로 처리하지 못하거나, 사방에 사신으로 나가서 스스로 응대하지 못하면, 비록 많은 시를 외운다한들 무슨 소용이겠는가?[誦詩三百, 授之以政, 不達, 使於四方, 不能專對, 雖多, 亦奚以爲?]"(『논어』「자로」)라고 말한 적이 있는데, 이 또한 마찬가지로 『시』가 사령을 수식해 주는 기능이 중요함을 강조한 것이다. 그러나 『시』의 효용성은 여기에 그치지 않는다. 『논어』「양화(陽貨)」에는 다음과 같은 구절이 있다.

"너희는 어찌하여 『시』를 배우지 않느냐? 『시』는 뜻을 일으켜 세울 수 있고, 풍속을 살필 수 있고, 무리를 이룰 수 있으며, 원망할 수 있다. 가까이는 어버이를 섬길 수 있고, 멀리는 임금을 섬길 수 있으며, 새와 짐승과 풀과 나무의 이름을 많이 알 수 있게 된다.[小子何莫學夫『詩』? 『詩』可以興, 可以觀, 可以群, 可以怨. 邇之事父, 遠之事君. 多識於鳥獸草木之名.]"

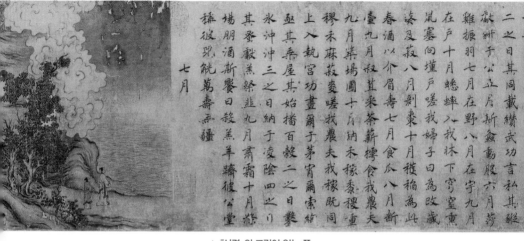

▲ 『시경』의 그림이 있는 쪽

　'소자(小子)'란 공자의 제자들을 가리키는데, 공자는 그들에게 『시』를 통해 비유하면 한 가지 일로부터 다른 것을 미루어 알 수 있고, 이를 고찰하여 풍속을 살필 수 있으며, 단체를 이룰 수 있고, 혹은 이를 통해 정치 관념을 전달할 수 있을 뿐만 아니라, 또한 크게는 『시』 가운데에서 부모와 임금을 모시는 방법을 깨달을 수 있으며, 작게는 새·짐승·풀·나무의 이름을 배울 수 있다고 말했다. 공자가 보기에 『시』는 거의 사회와 자연에 관한 백과전서나 다를 바 없었다.

　확실히 내용을 보면 『시』는 매우 풍부하고 다채롭다. 상(商) 왕조와 주(周) 왕조가 흥기했던 역사, 임금이 군대를 거느리고 변경의 이민족들을 정벌했던 공적, 임금과 신하가 모여 즐겁게 연회를 벌이던 성대한 장면 및 왕조가 몰락할 때 시인들의 원망과 한탄 등을 기록하고 있다. 게다가 남녀 간의 사랑, 농사일의 고됨, 전쟁에 출정하는 사람의 고통, 근심어린 아내의 원망도 또한 모두 『시경』에서 흔히 볼 수 있는 주제들이

▲ 공부(孔府) 내에 있는 건물인 동문문(同文門): '공부'란, 공자의 후손들이 모여 사는 곳이다.

다. 그러나 유가의 학자들은 주제의 다양성이 『시경』 전체의 일관성을 가릴 수는 없다고 보았으며, 공자는 "『시경』에 있는 시 삼백 편을 한 마디로 개괄한다면, 바로 '생각이 바르고 사악함이 없다'고 할 수 있다.[詩三百, 一言以蔽之, 曰 '思無邪'.]"(『논어』「위정」)고 말했다. "생각이 바르고 사악함이 없다[思無邪]"는 것은, 공자가 『시경』을 정리하던 때에 취했던 "경전의 뜻을 펼칠 수 있다[可施於經義]"는 태도와 일맥상통한다. 비록 『시』에 기재된 것이 온갖 다양한 사건들이고, 전달하는 것이 여러 가지 감정들일지라도, 유가는 기본적으로 예(禮)와 의(義)의 각도에서 그것들을 해석했다. 공자의 이러한 관점은 유가의 후학들이 『시경』을 이해하는 기본방식을 거의 확립했지만, 동시에 적지 않은 혼란도 야기했다. 예를 들어 위에서 언급했듯이 공자는 『시』를 보면 "풍속을 살필 수 있다[可以觀]"고 보았다. 즉 시가(詩歌)의 내용과 풍격이 그 지방의 풍속과 일치한다고 생각했다. 춘추 시대에 정(鄭)나라와 위(衛)나라 지역은 줄곧 풍속이 방탕하다고 여겨졌으므로, 그 지역의 음악 또한 유가 학자들에 의해 고상한 음악과는 대립되는 전형으로 비판을 받았다.["선왕의 음악(先王之樂)"과 "정나라·위나라의 음악(鄭衛之音)"의 대립은 『예기(禮記)』「악기(樂記)」에서 볼 수 있다.] 그러나 『시경』에는 정나라의 시와 위나라의 시를 수록하고 있으며, 그 중에는 남녀가 서로 즐기는 내용의 작품들이 적지 않은데, 이것들은 유가 학자들이 보기에는 당연히 풍속이 파괴되었음을 나타내 주는 것이었다. 이처럼 경전 속에 '음란'한 시들이 있는 것을 어떻게 해석해야 할 것인가는, 바로 많은 유가 학자들의 고민거리였다. 사실 오늘날의 관점에서 본다면, 시는 인류의 노래로, 거기에는 어떠한 감정이나 서로 다른 사건들을 기술할 수 있어야 하며, 반드시 엄격한 도덕 관념의 제약을 받을 필요는 없다. 공자가 "생각이 바르고 사악함이 없다"고 『시』를 평가했으므로, 편협해질 수밖에 없었다.

『예(禮)』

『사기』의 설명에 따르면, 『예』는 『서(書)』와 마찬가지로 모두 공자가 상고 시대의 전적들에서 정리해 낸 것이라고 한다. 그러나 오늘날 우리가 말하는 '예(禮)'는 세 종류의 책들, 즉 『의례(儀禮)』[『예경(禮經)』이라고도 함]와 『주례(周禮)』 및 『예기(禮記)』를 들지 않을 수 없는데, 그것들은 '삼례(三禮)'라고도 불린다. 그러나 이 세 가지 책들 가운데, 『예기』에서 공자와의 관계가 상당히 밀접한 부분들[「애공문(哀公問)」, 「중니연거(仲尼燕居)」, 「공자한거(孔子閒居)」 등의 경우는 그 성격이 『논어』와 유사하다.]을 제외한 그 나머지들은 분명히 공자가 직접 손으로 쓰지 않았거나, 혹은 공자가 정

▲ 송판(宋版) 『예기(禮記)』

리하여 편찬했다는 증거가 존재하지 않는다. 비록 그렇다 할지라도, '예'
혹은 중국 고대의 예악(禮樂) 문명에 대해 말하자면, 공자는 여전히 가
장 크게 공헌한 사상가라고 할 수 있다.

  '예'에 관해서는 간략하게 두 가지 차원으로 나누어 볼 수 있다. 그 첫
번째 차원은 '예'의 외적 형태인데, 제도·의식·기물 등의 측면을 포괄하
고 있다. 그 두 번째 차원은 '예'의 함의와 정신적 의미인데, 이것은 바로
천리(天理)와 인도(人道)에 대한 모종의 특수한 관념에 의거하여 성립한
것이다.(예를 존중하고 신봉하는 사람이 보기에, 이러한 관념은 진정으로 보편타
당한 것이다.) '삼례' 가운데 『의례』가 기록하고 있는 것은, 각각 다른 장소
와 경우에 취하는 예의에 관한 것이다. 예를 들어 '사관례(士冠禮)'는 성
인례(成人禮: 성년이 되었음을 인정하며 치르는 의식, 즉 성년식) 의식, '향음주
례(鄕飮酒禮)'는 향(鄕, 고대의 행정 단위)에서 모여 술을 마시는 예의, '사혼
례(士婚禮)'는 당연히 선비들이 혼례를 거행하는 예의를 말한다. 『주례』
가 기재하고 있는 것은 전설 속의 인물인 주공(周公)이 창제했다고 전해

지는 관제(官制)이기 때문에, 『주관(周官)』이라고도 불린다. 내용면에서, 그것은 『의례』와 더불어 기본적으로 앞에서 언급했던 예의 첫 번째 차원에 속하는 것들이다. 『예기』는 이와 달리, 그 내용이 매우 다양하다. 제도와 예의 이외에도, 『예기』가 많은 장(章)들에서 토론하고 있는 것은 예의 본질이나 내포 등 심층적인 함의들인데, 이러한 장들은 한나라 때에 학자들에 의해 『예기』의 '통론(通論)'이라고 불렸다. 예를 들어 앞에서 언급했던 「애공문」 등 세 개의 장과 후대에 '사서(四書)'에 포함된 『중용(中庸)』·『대학(大學)』 등은 모두 '통론' 부분에 속한다. 첫 번째 차원의 '예'가 공자 이전의 고대에는 『의례』 또는 『주례』에 기재되어 있던 것과 같지는 않았다 하더라도, 확실히 이미 존재하고는 있었다. 갑골문에 기록된 내용들과 고고 발굴을 통해 발견한 많은 고대 예기(禮器)들이 바로 이 점을 증명하고 있다. 공자는 이러한 고대의 예제(禮制)를 분명히 배웠거

나 혹은 정리했지만, 그와 관련된 창조적인 공헌은 그다지 많지 않다. 그러나 예의 두 번째 차원, 즉 예악(禮樂) 문명에서 더욱 본질적인 것이라 할 수 있는 예의 내포와 정신적 의미에 대한 공자의 공헌은 대단히 크다고 말할 수 있다. 첫 번째 장에서 말했듯이, 공자가 살았던 때는 예악이 붕

▲ 『사서직해경연원본(四書直解經筵原本)』

▲ 공부(孔府) 내에 있는 건물인 홍도문(弘道門)

괴된 시대로, 예전부터 전해 오는 사회 질서가 거의 해체되었기 때문에, 이러한 사회 질서와 서로 표리(表裏) 관계인 전통적인 예제도 필연적으로 혼란에 빠질 수밖에 없었다. 공자는 평생 예에 어긋나는 언행에 대해 반대했지만, 당연히 당시의 사회 환경에서 그에게는 결코 형세를 되돌릴 만한 힘이 없었다. 그러나 그의 사상적 성취는 예제의 근본을 확실히 튼튼하게 만들었다. 규칙과도 같은 예의(禮儀) 제도는 단지 사람을 속박시킬 뿐이지만, 예에 대한 믿음은 사람들로 하여금 자발적으로 이러한 규칙들을 준수하도록 촉진시킬 수 있다. 그러므로 예제의 합리성과 필연성을 확립해야만, 비로소 예의 규범이 진정한 동의를 얻을 수 있다. 공자는 이러한 이치를 잘 알고 있었으므로, 『논어』「양화」에서 "예(禮)로다, 예로다, 하는 것이, 옥과 비단을 말하는 것이겠는가? 악(樂)이로다, 악이로다, 하는 것이, 종과 북을 말하는 것이겠는가?[禮云禮云, 玉帛云乎哉? 樂云樂云, 鐘鼓云乎哉?]"라고 말했다. 옥·비단·종·북은 모두 예의 외적 형태인데, 그것들이 예의 실질이라고 여기는 것은 이해가 깊지 못한 것이다. 그렇다면 예는 도대체 무엇인가?

이것은 매우 어려운 문제이다. 공자가 이 문제에 대해 언급한 것이 많지 않다고 할 수는 없지만, 절대 다수의 중국 고대 학자들과 마찬가지로, 공자도 철학적인 논술을 진행할 때에는 보통 엄밀하고 정제된 논리로 추단하여 연역(演繹)하거나 개념을 상세하게 설명하는 방식을 사용하지 않았다. 그의 말은 대개 본질에서 벗어나지 않고 구체적이면서 세밀한 데다, 계몽적 성격으로 충만해 있어, 받아들이는 사람을 위해 폭넓은 이해와 재해석의 공간을 지니고 있다. 공자의 예에 대한 말들도 마찬가지로 구체적인 상황의 변화에 따라 서로 다른 모습을 보여주는데, 그 속에 내포된 의미는 우리 스스로가 드러내 보일 필요가 있다. 예를 들어 『논어』「자한」에는 다음과 같은 내용이 기재되어 있다.

공자께서 말씀하길, "삼베로 만든 예모(禮帽)를 착용하는 것이 예법이다. 그러나 요즘에는 비단으로 만든 것을 착용하는데, 그것이 더 검소하니, 나는 사람들이 하는 대로 따르겠다. (신하가 임금을 배알할 때에는 대청) 아래에서 절하는 것이 예법이다. 그러나 요즘은 위에서 절을 하는데, 이는 교만한 것이다. 비록 사람들이 하는 바와 다르지만, 나는 아래에서 절하는 것을 따르겠다."[子曰: "麻冕, 禮也. 今也純, 儉. 吾從衆. 拜下, 禮也. 今拜乎上, 泰也. 雖違衆, 吾從下."]

분명히 예의 형식은 결코 바뀔 수 없는 것이 아니므로, 절약하기 위해 삼베로 만든 비싼 모자가 비단으로 만든 것으로 교체되는 것은 전적으로 가능한 일이다(당시는 삼베가 비단보다 귀한 물건이었다-옮긴이). 그러나 임금과 신하의 관계를 나타낼 수 있는 예의의 절차는 결코 바꿀 수 없다. 여기에서 예의 절차·의식 등 외적인 것들은 결코 중요하지 않으며, 중요한 것은 예가 내포하고 있는 사회적 내용이라는 점을 알 수 있다. 만약 예의에 대해 어떤 변화를 가함으로써, 예의가 대표하는 사회적 관계나 정치 질서 혹은 윤리적 규범을 해친다면, 그것은 결코 받아들일 수 없는 것이다. 이와 유사한 또 다른 구절이 있다.

> 임방(林放)이 예의 근본을 물었다. 공자께서 말씀하길, "좋은 질문이구나! 예는 사치하기보다는 차라리 검소해야 하고, 상례(喪禮)는 형식을 잘 갖추기보다는 차라리 슬퍼하는 것이 낫다."[林放問禮之本. 子曰: "大哉問! 禮, 與其奢也, 寧儉, 喪, 與其易也, 寧戚."]

이 대화에서 제자인 임방이 물은 것은 '예'의 본질이며, 공자의 대답은 분명히 이것과 관계가 있다. 이 대화에서 간소하고 검소한 것이 여전히 사치하는 것보다 더 나으며, 완전무결한 의식이 도리어 진정성 있는 감정보다 중요하지 않다는 것을 알 수 있다. 이로부터 수백 년이 지난 진(晉)나라 때, 화교(和嶠)와 왕융(王戎)이라는 두 명사(名士)가 동시에 상(喪)을 당했는데, 화교는 상례(喪禮)의 각종 규범들을 완전하게 준수하여 거행했으며, 왕융은 과도한 슬픔으로 인해 몸이 허약해졌으므로 예식 절차도 자연히 완벽하게 거행하지 못했다. 당시의 여론은 왕융을 더 높이 평가하고 있다『세설신어』「덕행(德行)」. 이 이야기는 공자의 말을 설명하기에 딱 좋은 사례이다. 즉 근본적인 측면에서 말하자면, 사람들이 예법

▲ 궁정 예의

을 인정한다는 것은, 예법이 대표하는 가치를 인정한다는 것이다. 왕융
의 이야기에서 상례가 대표하는 것은, 세상을 떠난 가족에 대해 그리워
하는 마음이다. 그런데 위의 『논어』 「자한」에서 예로 든 내용 중, 복잡
한 예절은 신하가 임금에 대해 우러러 받들어야 하는 책임을 표현하고
있다. 분명 이것이야말로 예의 더욱 본질적인 함의이다. 예법이란 결코
후대에 부가된 제약(制約)이 아니라, 인류의 자연스러운 정감(情感)에서
발단하고, 사람의 도덕적 자각에서 비롯되었으며, 혹은 하늘과 사람 사
이의 질서를 분명하게 반영하고 있기도 하다. 예법이 사람 사이에서 하
고 있는 역할은 당연히 이와 같은 기본적 가치·관계 혹은 질서를 유지
시켜 주는 것인데, 『예기』 「예운(禮運)」에서 "임금과 신하 사이의 관계를

바로잡고, 아버지와 아들의 관계를 돈독하게 하고, 형제 사이의 관계를 화목하게 하고, 부부 사이를 화합하게 하며, 제도를 제정하고, 밭과 마을을 세우며, 용맹하고 지혜로운 이들을 존중하고, 자신을 위해 공(功)을 세운다.[以正君臣, 以篤父子, 以睦兄弟, 以和夫婦, 以設制度, 以立田里, 以賢勇知, 以功爲己.]"고 했듯이, 개인에서부터 사회에 이르기까지 각 부문에 영향을 미친다.

그러나 아직도 '예'의 본질을 설명한 것으로는 부족한데, 혹자는 '예'의 함의는 이처럼 풍부하기 때문에 속속들이 파고들어 밝혀 내는 것은 거의 불가능하다고 말하기도 한다. 우리는 유학 전적들에서 '예'에 대한 간결하면서도 그 함의가 매우 깊은 해석들을 많이 볼 수 있다. 예를 들어 '예'는 곧 '이행[履]'이라고 한 것은, 사람들이 이행할 수 있는 규범이라는 것이다. 혹자가 예는 곧 '다스림[理]'이라고 한 것은, 이 글자가 본래 옥을 가공한다는 뜻이었다가, 후에 질서·규율이라는 뜻으로 전의된 것이다.[禮·履·理는 모두 같은 성모(聲母)의 글자들이다. 고대 중국에는 유사한 음을 가진 글자로 뜻을 풀이하는 사례가 많았다.-옮긴이] 『논어』에서 공자의 제자 유약(有若)은 "예의 쓰임은 화(和)를 중요하게 여긴다.[禮之用, 和爲貴.]"고 했다. 여기에서 '화(和)'는 곧 중화(中和)·중용(中庸)이다.[유보남(劉寶南)은 『논어정의(論語正義)』에서 "유약이 이 장(章)에서 언급한 뜻은, 공자가 중용(中庸)했던 의미를 밝힌 바이다.(有子此章之旨, 所以發明夫子中庸之義也.)"라고 했다.] 그것은 또한 유가 사상에서 매우 중요한 내용인데, 공자는 말하기를, "중용의 덕(德) 됨은 지극하구나![中庸之爲德也, 其至矣乎!]"라고 했다. 자사(子思)가 지었다고 전해지는 『중용』은 유가의 '사서(四書)' 가운데 하나로서, 기본적인 유학 경전이다. 그러나 '화' 또는 '중용'의 함의를 표현하기는 매우 어려운데, 대체적인 의미는 모자람과 과도함의 양 극단이 중간으로 향해 평형과 조화를 유지하는 상태를 말한다.

『춘추(春秋)』

'춘추'는 역사서의 이름인데, 후세의 경학가(經學家: 경서를 연구하는 학자)들의 해석에 따르면, 역사서는 해마다 있었던 일들을 기록해야 했다고 한다. 그런데 1년은 4계절이므로, '봄[春]'과 '가을[秋]'이라는 두 글자로 1년이라는 시간을 대신 나타냈기 때문에, 역사서의 이름이 되었다고 한다.(당연히 이와는 다른 해석도 있다. 예를 들어 한나라의 어떤 사람은 공자가 봄에 이 책의 저술하기 시작하여 가을에 끝냈으므로, 이것을 '춘추'라 불렀다고 하는데, 이것은 분명 믿을 만한 주장은 아니다.) 중국 고대의 사관(史官)은 전통과 역사가 유구하다. 고대의 제후국들에는 모두 사관이 있었는데, 그들의 임무는 나라 안팎에서 발생한 중요한 사건을 기록하는 것이었다. 반고의 『한서(漢書)』 등 전적들의 기록에 따르면, 사관 또한 각자 직무가 나뉘어 있었는데, "좌사(左史)는 말을 기록하고, 우사(右史)는 사건을 기록했다.[左史記言, 右史記

▲ 춘추 열국의 형세도

事.]"고 한다.[『한서』「예문지(藝文志)」에서 볼 수 있는데, 『예기』「옥조(玉藻)」에서
는 "(임금의) 움직임은 좌사가 기록하고, 말씀은 우사가 기록했다.(動則左史書之,
言則右史書之.)"고 하여, 주장이 서로 완전히 상반된다.] 말한 것을 기록하여
편찬한 저작은 바로 『상서』와 같은 것들이며, 『춘추』와 같은 것들은 바
로 사건을 기록한 책이다. 춘추 시대에 이러한 역사서는 당연히 많았는
데, 맹자의 말에 따르면 초(楚)나라의 『도올(檮杌)』, 진(晉)나라의 『승(乘)』
은 노(魯)나라의 『춘추』와 같은 성격이었다고 하며, 묵자(墨子)는 이들을
가리켜 "백국춘추(百國春秋)"라고 불렀다. 그러나 이러한 저작들은 오래
전에 유실되었으며, 오늘날 우리가 말하는 『춘추』가 지칭하는 것은 공자
가 다듬고 정리했다고 전해지는 노나라의 역사이다. 이 저작은 노나라
은공(隱公) 원년(기원전 722년)부터 노나라 애공(哀公) 14년(기원전 481년)까
지, 모두 242년 동안의 노나라와 춘추 시대 각 제후국들의 역사를 기재
하고 있다.

그러나 만약 단지 편년체(編年體: 연대순으로 역사를 기록하는 서술 체제)
의 역사서에 불과했다면, 『춘추』의 지위는 오늘날처럼 숭고하지 못했을
것이다. 『춘추』가 '오경'의 하나가 된 까닭은, 유가의 학자들이 이 노나라
의 역사를 공자가 다듬고 정리하고 수정했으므로, 성인(聖人)의 정치 주
장과 사회 이상을 담고 있다고 여겼기 때문인데, 심지어 미신을 추종했
던 한나라 학자들은 『춘추』가 미래의 역사 변천을 예언하고 있다고 여
기기도 했다. 공자가 『춘추』를 편찬한 과정에 대해서는, 가장 평범한 기
록에서도 자못 비범한 색채를 띠고 있다. 예를 들면 『맹자』「등문공(滕文
公)」에서는, "세상이 쇠하여 정도(正道)가 미약해지니, 간사한 말과 포악
한 행실들이 다시 일어나, 신하가 임금을 죽이는 자가 있고, 자식이 그

▲ 덕모천지(德侔天地) 패방: '德侔天地'란, '공자의 덕은 천지와 나란히 함께하고, 해·달과 함께 빛난다'는 의미이다.

아비를 죽이는 자가 있었다. 공자가 두려워하며 『춘추』를 지었는데, 『춘추』는 천자의 일이다. 때문에 공자는 '나를 알아 주는 것도 오직 『춘추』이며, 나를 벌하는 것도 오직 『춘추』이다.'라고 말했다.[世衰道微, 邪說暴行有作, 臣弑其君者有之, 子弑其父者有之. 孔子懼, 作『春秋』. 『春秋』, 天子之事也. 是故孔子曰: '知我者其惟『春秋』乎! 罪我者其惟『春秋』乎!']고 했으며, 또한 "공자가 『춘추』를 완성하니 난신적자(亂臣賊子: 나라를 어지럽히는 신하와 부모의 뜻을 거스르는 자식)들이 두려워했다.[孔子成『春秋』而亂臣賊子懼.]"고 기록하고 있다. 이른바 '천자의 일[天子之事]'의 기록은, 후대에 공자가 '소왕(素王: 왕의 신분은 아니지만 왕의 덕을 갖추고 있는 사람)'이라는 논의로 변화했는데, 그 중에는 괴이한 주장이 많으므로, 여기에서 언급하지는 않겠다. 맹자의 설명에 따르면, 공자는 춘추 시대의 혼란한 국면을 보고 깊이 우려하여 『춘추』를 지었다고 한다. 그러나 『춘추』가 어떤 방식으로 그 시대에 대해 영향을 미쳤단 말인가? 특히 그것이 어떻게 난신적자로 하여금 두려움을 느끼도록 만들 수 있었단 말인가? 사실 이것은 옛 사람들의 『춘추』에 대한 이해와 서로 밀접한 관계가 있다.

『춘추』에 관해서는 두 가지 점을 주의해야 하는데, 고대의 학자들이 『춘추』에 대한 여러 가지 설명을 하면서 "춘추필법(春秋筆法)", "일자포폄(一字褒貶: 글자 한 자로써 사람을 칭찬하기도 하고 비방하기도 한다는 뜻)", "미언대의(微言大義: 역사적 사건이나 인물에 대해 형식적이고 간결한 문장을 통해 칭찬하거나 엄격하게 꾸짖는다는 뜻)", "선악포폄(善惡褒貶: 선한 행위와 악한 행위에 대해 칭찬하고 꾸짖는다는 뜻)" 등과 같은 말을 사용했는데, 이런 말들은 많든 적든 간에 이 두 가지 점과 관련이 있다. 그 첫 번째는 '의로움[義]'이다. 『춘추』의 본문은 얼마간의 '의로움'을 담고 있는데, 그것들은 진리(眞理)에 가까운 행위 준칙과 사회·정치 규범으로 여겨진다. 두 번째는 『춘추』의 '의로움'에 대한 표현이 매우 간단명료하기 때문에, 그 서술 방법을 모르면 매우 불명확하고 애매모호하다고까지 느낄 수 있다는 점이다. 사람들은 『춘추』에서 '의로움'에 대한 시원스럽고 솔직한 서술을 볼 수 없는데, 그것들은 사례에 대한 깊은 고찰과 대비를 통해, 혹은 낱말을 고르고 문장을 만드는 힘든 노력을 통해, 『춘추』의 본문에 포함되었다. 『춘추』가 담고 있는 '의로움'을 후세 사람들은 몇 가지 조목들로 정리해 놓았는데, 예를 들어 "왕을 높이고 오랑캐를 무찌른다[尊王攘夷]", "크게 통합한다[大一統]", "중앙을 강화시키고 지방을 약화시킨다[强幹弱枝]", "임금을 높이고 신하를 억누른다[尊君抑臣]", "선을 좋아하고 악을 미워한다[善善惡惡]"와 같은 것들이다. 이러한 의로움의 의미

▲ 만세사표(萬世師表) 편액: "영원한 스승의 표상"이라는 뜻으로, 청나라 강희(康熙) 황제가 쓴 글씨를 편액으로 만든 것이다.

는 『춘추』에 매우 완곡한 방식으로 서술되어 있다. 예를 들어 "왕을 높인다[尊王]"는 것은 『춘추』가 주나라 왕실에 대한 존중을 표현하기 위한 것인데, 설령 주나라 왕실에서 있었던 좋지 않은 사건을 기록해야 할 때에도, 반드시 "완곡(婉曲)한 표현으로 문장을 만드는[婉而成章]" 서술 방법을 취함으로써 그것을 숨겼다. 때문에 우리는 『춘추』에서 "주나라의 천자(天子)가 하양(河陽)에서 사냥을 했다.[天王狩於河陽.]"라는 문장을 볼 때, 이것이 주나라 왕실의 즐거운 사냥이 아니라, 사실은 주나라 왕이 진(晉)나라 군주의 위력에 눌려 회맹에 참석한 일을 가리킨다는 사실을 알아야만 한다. 그런데 『춘추』의 수많은 '의로움'들 가운데에는, '난신적자'에 대한 비판과 성토가 매우 중요한 항목이다. 앞에서 말한 바와 같이 춘추 시대에는 정치 질서가 붕괴하여, 신하가 임금을 능멸하고, 심지어 임금을 살해하는 일들이 끊임없이 일어났으므로, 『춘추』에서는 이러한 사건들에 대한 기록이 매우 많으며, 그 태도도 매우 엄혹하다. 이른바 "난신적자들이 두려워했다.[亂臣賊子懼.]"는 표현은, 바로 이러한 기초 위에서 만들어진 것이다.

쉽게 상상할 수 있듯이, 이와 같이 간결하면서도 심오한 책이 담고 있는 '의로움'은 자연스럽게 유교를 추종하는 사람들에 의해 준칙으로 여겨지게 되었을 것이다. 그리하여 그것이 어떻게 '의로움'으로 표현되었는가 하는 문제는, 후세 학자들 간에 의견이 분분한 중대한 경학의 문제가 되었을 것이다. 매우 짧아 단지 대략 1만여 글자만으로 이루어진 이 책은, 역사 저술로서는 물론 매우 짧지만, 유가 정치 이념의 집합체로서, 오히려 거의 말로 다할 수 없는 것이다. 오늘날 우리들이 일반적으로 '춘추삼전(春秋三傳)'이라고 부르는 세 가지 저작은 『춘추공양전(春秋公羊傳)』, 『춘추곡량전(春秋穀梁傳)』, 『춘추좌씨전(春秋左氏傳)』인데, 기본적으로 모두 『춘추』에 대해 해설한 책들이다. 그러나 『춘추』와 관련이 있는 학자와 학파들도 마찬가지로 매우 많았으므로, 그들은 한대(漢代)에 오랜 시간을 끌면서 헛되이 학술 전쟁을 벌였다. 그러나 오늘날의 관점에서 보면, 우리가 이러한 '춘추대의(春秋大義)'와 '춘추필법(春秋筆法)'을 믿고 따르지 않더라도, 충분히 『춘추』의 가치를 이해할 수 있다. 사마천은 동중서[董仲舒: 한나라의 유학자로 공양학(公羊學)[2]을 연구했다.]가 한 말을 인용하여, 『춘추』에 기록된 240년 동안에 "임금이 시해당한 경우는 36차례, 나라가 망한 경우는 52차례, 제후가 쫓겨나 사직을 보존하지 못한 경우는 그 수를 헤아릴 수 없다.[弒君三十六, 亡國五十二, 諸侯奔走不得保其社稷者, 不可勝數.]"고 기록했다. 역사적 사실을 기록하는 역사서는, 엄숙한 정치 질서에 뜻을 두고 있는 정치적 인물이나 유가의 정치 이념을 발양하려는 학자들에 대해 말하자면, 자연스럽게 모두가 대량의 소중

---

2 공양학(公羊學): 『춘추공양전(春秋公羊傳)』에 관한 학문.

▲『좌전(左傳)』

한 역사적 경험들을 제공해 줄 수 있다. 그러나 '난신적자'들에 대해 말하자면, 그 추악한 언행이 역사서에 기록되어 후세에 전해지는 것이 일종의 거대한 징벌이었다. 『좌전』에 따르면, 제나라의 대부인 최저(崔杼)가 임금을 시해하자, 제나라의 사관이 바로 "최저가 그의 임금을 시해했다.[崔杼弑其君.]"고 기록했는데, 최저는 분노하여 그 사관을 죽이고 다시 새로운 사람을 임명했다. 그러나 그 자리를 이어받은 사관은 그 기록을 고치지 않았기 때문에, 또 죽임을 당했다. 이렇게 두 번을 반복했음에도, 뜻을 꺾지 않는 네 번째의 사관이 부임한 뒤에는, 최저도 어찌할 수 없었다. 그리하여 오늘날의 우리들은 확실히 『춘추』에서 "제나라의 최저가 자신의 임금인 희광[姬光, 제나라 장공(莊公)의 이름]을 시해했다.[齊崔杼弑其君光.]"는 기록을 볼 수 있게 되었다. 이를 통해 사관의 기록은 선을 선양하고 악을 징벌할 수 있는 거대한 역량을 지니고 있음을 알 수 있다. 『춘추』이후 중국의 역사가들은 줄곧 높은 수준의 사명감

을 갖고 있었는데, 사마천은 이에 대해 "위로는 삼왕[三王: 하(夏)나라를 세운 우(禹) 임금, 상(商)나라를 세운 탕왕(湯王), 주나라를 일으킨 문왕(文王)을 가리킨다.]의 도를 밝히고, 아래로는 인간사의 기강을 논하여, 의심스러운 것을 분별하고, 시비를 분명히 하며, 주저하는 바를 결정하게 하며, 선한 일은 좋아하고 악한 일은 싫어하며, 어진 사람을 어질다 하고 불초한 사람을 천하게 여기며, 망한 나라의 이름을 보존하여 끊어진 대를 이어가게 하며, 낡은 것을 보충하고 사라진 것을 일으켜 세운다.[上明三王之道, 下辯人事之紀, 別嫌疑, 明是非, 定猶豫, 善善惡惡, 賢賢賤不肖, 存亡國, 繼絶世, 補弊起廢.]"고 말했다. 이러한 숭고한

▲ "3년 동안 집안의 정원을 보지 않고[三年不窺園]" 공부에 몰두하는 동중서(董仲舒)

이상도 또한 공자—만약 그가 확실히 『춘추』의 편찬자라면—가 중국 고대의 역사학에 대해 공헌한 것이라고 할 수 있다. 『춘추』의 편찬자—그 사람이 공자든 아니든 간에—가 자신의 역사서에서 일반적이지 않은 어떤 서술 방식을 사용하여 자신의 정치 이념을 표현하는 것도 또한 충분히 가능한 일이었다. 인류 초창기에 나온 역사서들은 모두 이처럼 잡다하고 불순한 것들이 섞여 있는 문제점을 벗어나기 어렵다. 예를 들어 헤

로도토스(Herodotos, BC 484?~BC 420?)의 『역사(*The Histories*)』에 기록된 내용 중에는 신화와 전설들이 아마도 역사적 사실들보다 결코 적지 않을 것이며, 투키디데스(Thucydides, BC 465?~BC 400?)의 『펠로폰네소스 전쟁사(*History of the Peloponnesian War*)』에 기록된 매우 많은 화려한 연설들이, 만약 모두가 정말로 페리클레스(Pericles, BC 495?~BC 429) 등과 같은 정치가들의 입에서 나왔다고 주장한다면, 그것은 참으로 터무니없는 말이다. 때문에 『춘추』가 중국 고대의 첫 번째 편년체 역사서로서, 그 가치는 의심할 여지가 없다. 그러나 『춘추』는 확실히 매우 간략하며 산만하기 때문에, 설령 옛날 일이긴 하지만, 어떤 사람들은 이를 대담하게 비판하기도 했다.[예를 들어 왕안석(王安石)은 『춘추』를 가리켜 "진부하고 잡다한 조정의 문건들(斷爛朝報)"이라고 했다.] 역사서로서의 『춘추』는 물론 대단히 진귀한 책이지만, 역사학적인 가치는 도리어 원래 그것을 해석하는 것으로 사용한 『춘추좌씨전』보다 못하다.

▲ 공자 동상

3. 지자(智者)의 가르침
공자의 도덕 학설

　예수회 신부들이 공자의 학설을 점차 서양에 소개할 때, 유럽의 학자들 중에서 유학과 동양의 문화를 숭배하는 목소리들이 많이 들려왔으며, 이와는 반대로 경시하거나 비판하는 목소리도 적지 않았다. 시·공간의 차이와 이해의 한계 때문에, 이들 두 가지 목소리는 모두 오해·과장·착오를 벗어나기 어려웠지만, 또한 모두 예리하고 신랄한 견해도 갖추고 있었다. 독일의 철학자인 헤겔의 경우, 현대의 유가 신봉자들을 자못 번뇌하게 만드는 주장을 했다. 그는 철학사 강의를 하면서, 공자는 단지 현실 세계의 지자(智者)에 불과하며, 선량하고 노련하고 도덕적인 교훈을 제외하면 그에게서 아무런 사변적(思辨的)인 철학도 찾아볼 수 없다고 말했다. 헤겔은 심지어 조롱하는 어투로 말하기를, 어쩌면 그의 저작들을 유럽에 번역해서 들여오지 않는 것이 공자에 대한 명성에 조금이라도 유리할 것이라고 했다.

　헤겔의 관점은, 당연히 오늘날의 관점에서 보면 겉만 화려하고 실속은 없는 그의 철학 체계 및 역사 관념과 관련이 있으며, 교만함이 빚어낸 협소한 의미를 한층 더 드러내고 있다. 그러나 그의 주장이 전혀 일리가 없는 것은 아니다. 즉 고대 그리스에서 우주의 근원과 자연 법칙을 탐구하는 데 많은 노력을 기울이면서, 추상적인 관념과 엄밀한 논리로

▲ 공자성상(孔子聖像)

세계를 해석하려 시도했던 철학가들과 비교한다면, 공자는 확실히 일관되게 인간의 문제에 대해 발언한 도덕 교사였다. 게다가 비록 공자가 세상을 떠난 지 오래지 않아 유가의 학설이 극도로 추상화되었고, 비록 천년 뒤에 유학의 계승자들이 또한 '이(理)'·'기(氣)'·'성(性)'·'도(道)' 등의 철학 문제로 인해 한바탕 논쟁을 벌여 엄청난 양의 저술을 쏟아 냈지만, 공자 본인에게는 이러한 것들이 아직 잠복해 있어 발현되지 않았으며, 심지어 맹아조차 찾아보기가 어렵다. 자공이 말하기를 "선생께서 성(性)과 천도(天道)를 말씀하시는 것은 들을 수 없었다.[夫子之言性與天道, 不可得而聞也.]"고 했는데, 이로부터 공자는 이러한 문제들에 대해 토론하는 것을 심지어 고의로 회피했음을 알 수 있다.[당연히 자공의 말에 대해서는 또 다른 해석이 있다. 즉 '與'를 '부합하다'로 해석하면, 이 말의 의미는 공자의 말이 자연스럽게 천도와 서로 일치했음을 찬양한 것으로 바뀌게 된다.] 또 다른 기록에서는, 공자가 개탄하면서 말하길, "하늘이 무슨 말을 하는가? 사계절이 운행하며 만물을 길러 내지만, 하늘이 무슨 말을 하는가?[天何言哉? 四時行焉, 百物生焉, 天何言哉?]"(『논어』「양화」)라고 했다. 이로부터 천도등과 같은 근원적인 문제에 대해서는 상세하게 이야기하지 않았거나, 한 마디도 말하지 않았음을 알 수 있다. 이는 결코 이러한 문제들에 대해 인식하고

▲ 행단도(杏壇圖): 공자는 은행나무로 만든 단, 즉 행단 위에서 제자들을 가르쳤다고 한다.

있지 않았다는 것을 의미하는 것이 아니고, 실제로는 이러한 침묵은 천도에 대해 더욱 깊이 있게 감지하고 있었으며 이해하고 있었다는 것을 말해 준다. 때문에 설령 공자가 이른바 '사변적 철학' 방면의 말을 매우 적게 했다고 하여, 결코 그가 이에 대해 전혀 알지 못했다는 것을 의미하지는 않는다. 하지만 도덕 방면에서는, 그는 오히려 우리에게 충분히 많은 가르침을 주었다. 이러한 도덕 학설이라는 것이, 헤겔 같은 서양 학자들이 생각하는 것처럼 그렇게 대수롭지 않은 것이냐 아니냐 하는 것은 별개의 문제이다. 그러나 분명한 것은, 어떤 유교 신봉자도 절대로 자

신이 신봉하는 유교의 도덕 관념이 사변적인 철학으로 단련되지 않았다는 이유로, 도덕 실천 방면에서는 조금도 그 누구보다도 연약하거나 머뭇거리지는 않는다는 점이다.

공자의 도덕 학설을 탐구할 때, 우리는 많은 명사(名詞)들과 만나게 된다. 이러한 명사들은 도덕적 자질들을 의미하는데, 예를 들어 '인(仁)'·'의(義)·신(信)' 등이다. 한나라 때의 유가 학자들은 '인'·'의'·'예(禮)'·'지(智)'·'신' 등 다섯 가지 품성들을 '오상(五常)'(동중서의 경우) 혹은 '오성(五性)'[『백호통의(白虎通義)』]이라고 불렀다. 그보다 더욱 이른 시기인 전국 시대의 학자들은 '인'·'의'·'예'·'지'·'성(聖)'을 '오행(五行)'이라고 불렀다. 이것들은 사람의 천성이 집중된 것이자, 도덕 생활의 기본적 형식이라고 여겨졌으므로, 모든 중국 고대에는 사람들이 준수해야 하는 기본적 규범으로 간주되었다. 그런데 분명히 이것들 모두는 또한 공자의 가르침이 기초를 다진 것이다.

인(仁)

'인'은 공자의 도덕 학설 가운데 가장 중요한 자리를 차지하고 있다. '예'에 대한 설명과 마찬가지로, 우리는 『논어』에서 매우 많은 '인'에 대한 논의와 해설을 볼 수 있다. 사변적 철학이 추앙하는 논리적 엄밀성이나 개념의 정확성과는 다르게, 우리는 공자가 『논어』에서 '예'에 대해 똑같은 설명을 두 번씩 한 경우를 찾아볼 수 없다. 예를 들어, 제자인 번지(樊遲)에게 '인'을 설명하면서, 공자는 "인간을 사랑하는 것[愛人]"[『논어』「안연(顏淵)」]이라고 했으며, 그 다음번에는 "어진 사람은 먼저 어려운 일을 하고 나서 나중에 얻으니, 그리하면 어질다고 할 수 있다.[仁者先難而後獲, 可謂仁矣.]"[『논어』「옹야(雍也)」]고 했다. 그리고 또 그 다음번에는 "일상생활에서는 태도를 단정히 하고, 공무를 처리할 때는 엄숙하게 하며, 사람들과 어울릴 때는 진심을 다 해야 한다. 비록 오랑캐의 땅에 간다 해도, 이는 버릴 수 없다.[居處恭, 執事敬, 與人忠. 雖之夷狄, 不可棄也.]"(『논어』「자로」)고 했다. 세 번의 대답이 분명히 서로 다르다. "인

▲ 공자

간을 사랑하는 것[愛人]"은 이해하기 쉬운데, "먼저 어려운 일을 하고 나서 나중에 얻는 것[先難而後獲]"은 사람이 어려움을 극복한 다음에야 이익을 얻는 바가 있을 수 있다는 말이다. "일상생활에서는 태도를 단정히 하고, 공무를 처리할 때는 엄숙하게 하며, 사람들과 어울릴 때는 진심을 다하는 것[居處恭, 執事敬, 與人忠]"은 더욱 상세히 말해 주고 있는데, 세 가지의 상황에서의 행위 규범을 규정하였다. 여기서 공자의 말은 여전히 상황에 따라 수시로 변하는 특징을 드러내고 있다. 생활하는 상황들은 천차만별인데, 서로 다른 각각의 상황에서 '인'의 표현 또한 당연히 각각 달라야만 '인'에 대한 말도 자연히 경직되지 않을 수 있다. 『논어』「안연」

▲ '이학명가(理學名家)' 편액

에는 다음과 같은 내용이 있다.

　　안연이 인(仁)에 대해 묻자, 공자께서 말씀하길, "나를 이기고 예(禮)로
돌아가는 것이 인이다. 하루라도 나를 이기고 예로 돌아가면, 천하가 인
으로 돌아갈 것이다. 인을 행하는 것은 나로부터 나오는 것이지, 어찌 다
른 사람에게서 나오는 것이겠느냐?" 안연이 물었다. "그 조목을 묻고 싶습
니다." 공자께서 대답했다. "예가 아니면 보지도 말고, 예가 아니면 듣지도
말며, 예가 아니면 말하지도 말고, 예가 아니면 행동하지도 말라." 안연
이 말했다. "제가 비록 불민합니다만, 이 말씀을 실천하도록 하겠습니다."
[顔淵問仁. 子曰: "克己復禮爲仁. 一日克己復禮, 天下歸仁焉. 爲仁由己, 而由人
乎哉?" 顔淵曰: "請問其目." 子曰: "非禮勿視, 非禮勿聽, 非禮勿言, 非禮勿動." 顔
淵曰: "回雖不敏, 請事斯語矣."]

　　"마음이 세 달이 지나도 인(仁)에서 어긋나지 않았다.[其心三月不違仁.]"
는 안연이 공자에게 물었으므로, 공자의 대답 또한 그에게 '인'의 가장
중요한 것에 대해 설명하고 있다. "克己復禮(극기복례: 나를 이기고 예로 돌

▲ 삼성도(三聖圖). 왼쪽부터 증삼(曾參), 공자, 안회(顏回)

아간다)"라는 네 글자는 『좌전』에 이미 나와 있었는데, 그 의미는 개개인
의 욕망에 대해 자발적으로 억제하고 제한하며, 예법이 규정하고 있는
범위 안으로 돌아간다는 것이다. 아래 대화에서 공자는 '극기복례'의 준
칙을 일상생활 속에서 보고, 듣고, 말하고, 행동하는 각 방면으로 확대
하여, '예'와 어긋나는 어떠한 말이나 행위도 모두 주동적으로 극복할
수 있어야 한다고 말한다. 분명히 이는 엄격한 자아 수양 방법이다. 동·
서양의 수많은 종교 사상과는 달리, 유가는 결코 세속적 생활을 혐오하
지 않고, 사람의 욕망과 감정 등 자연적 속성에 대해서도 언제나 비교적
온건하게 제한하는 방법을 취하며, 극단적으로 감각을 억압하거나 심지
어 육체를 해치는 수행 방법은 결코 유가에서 취하지 않는다. 그러나 이
것이 유가가 자아 반성의 엄격성이라는 측면에서 조금도 게으르다는 것
을 의미하지는 않는다. '극기복례'는 이리하여 후세의 유가 학자들이 엄

격하게 준수해야 하는 준칙이 되었다. 송(宋)나라 때에 이르러, 자못 사변적 성향을 띠고 있던 이학가(理學家)들이 이 사상을 천리(天理)나 인욕(人欲)과 서로 적대적이고 공격적인 이론과 결부시킴으로써, "천리(天理)를 보존하고 인욕(人欲)을 제거한다.[存天理, 去人欲.]"는 더욱 엄격한 학설을 만들어 냈다. 『논어』「양화」에는 다음과 같은 내용이 있다.

> 자장(子張)이 공자에게 인(仁)에 대해 물었다. 공자가 말씀했다. "천하에 다섯 가지를 행할 수 있는 것이 인이다." 자장이 그에 대해 물으니, 공자가 말씀했다. "공손함[恭], 너그러움[寬], 믿음[信], 민첩함[敏], 은혜로움[惠]이다. 공손하면 업신여김을 당하지 않고, 너그러우면 많은 사람을 얻게 되고, 믿음이 있으면 남들이 일을 맡기고, 민첩하면 공(功)이 있게 되고, 은혜로우면 사람을 부릴 수 있다."[子張問仁於孔子. 孔子曰: "能行五者於天下, 爲仁矣." 請問之. 曰: "恭, 寬, 信, 敏, 惠. 恭則不侮, 寬則得衆, 信則人任焉, 敏則有功, 惠則足以使人."]

'극기복례'는 개인의 자성(自省)이며, '인'을 희구하는 내적인 수양이다. '공손함, 너그러움, 믿음, 민첩함, 은혜로움'은 개인이 객관적 세계의 사물[外物]과 접할 때의 태도이며, '인'이라는 품격의 외적인 표현이다. 이와 같이 사람과 사물을 대한다면, 인하다고 할 수 있다. 『논어』「안연」에는 다음과 같은 구절이 있다.

> 중궁(仲弓)이 인에 대해 묻자, 공자께서 말씀했다. "문을 나갔을 때에는 큰 손님을 뵙듯이 삼가고, 백성을 부릴 때에는 큰 제사를 받들 듯이 조심

하며, 자신이 원하지 않는 일은 남에게도 하지 말라. (그렇게 하면) 나라에서 원망을 받지 않게 되고, 집안에서도 원망을 받지 않게 된다." 중궁이 말했다. "제가 비록 불민하지만, 이 말씀을 따라 실천하겠습니다."[仲弓問仁. 子曰: "出門如見大賓, 使民如承大祭. 己所不欲, 勿施於人. 在邦無怨, 在家無怨." 仲弓曰: "雍雖不敏, 請事斯語矣."]

이것은 앞의 내용과 마찬가지로 '인'의 외적인 표현이다. "자신이 원하지 않는 일은 남에게도 하지 말아야 한다.[己所不欲, 勿施於人.]"는 말을 기독교의『성경』에 있는 "그러므로 무엇이든지 남에게 대접을 받고자 하는 대로 너희도 남을 대접하라(So in everything, do to others what you would have them do to you)."(마태복음 7장 12절—옮긴이)라는 가르침과 비교해 보면, 출처는 다르지만 둘 다 똑같이 훌륭한 내용이라고 할 수 있다.

엄격한 자아 성찰과 외적인 규범이 요구된다는 것을 볼 때, '인'이라는 것이 절대로 쉽게 얻을 수 있는 품격이 아니라는 것을 짐작할 수 있다. 『논어』전체를 보아도 공자는 오직 안연과 제(齊)나라의 명신이었던 관중(管仲)에 대해서만 '인'하다고 칭찬했으며, 공자 본인은 아직 '인'의 경지에 도달하지 못했다고 말했다.[『논어』「술이」: "성자(聖者)나 인자(仁者) 같은 경지에 내가 어찌 감히 도달했다고 할 수 있겠는가.(若聖與仁, 則吾豈敢.)"] 그러나 또 다른 측면에서 보면, '인'은 결코 아득히 멀리 도달할 수 없는 높은 곳에 있는 것은 아니다. 『논어』「술이」에는 "인(仁)이 멀리 있는 것인가? 내가 인하고자 하면, 곧 인이 찾아온다.[仁遠乎哉? 我欲仁, 斯仁至矣.]"고 하여, 사람이 만약 '인'을 얻고자 한다면, 그것은 당연히 찾아온다고 말했다. 이상한 말처럼 보이지만, 사실 이 말 속에는 심오한 이치가 포함되

▲ 아성전(亞聖殿): 공자의 사당에서 공자의 위패를 모셔 놓은 주건물을 대성전(大成殿)이라 하고, 맹자의 사당에서 맹자의 위패를 모셔 놓은 주건물을 아성전이라 한다.

어 있다. 즉 사람은 현실 속에서 자신의 의지에 근거하여 갖가지 선택을 할 수 있는데, 선한 것이든 악한 것이든 간에 근본적으로 모든 사람은 어떤 선택을 할 때 자각하여 의식할 수 있어야만 비로소 정확한 것이라는 점이다. 공자가 여기에서 말하고자 하는 것은 바로 사람의 도덕적 본능이다. 간단히 말하면, 사람은 모두 '인'할 수 있는 잠재적인 능력이 있으나, 진정으로 인하기 위해서는 엄격한 내적·외적 수양이 필요하다는 것이다. 전자(前者)에 대해 말하자면, 맹자는 더욱 생동감 있는 언어로 "사람은 모두가 요 임금과 순 임금처럼 될 수 있다.[人皆可以爲堯舜.]"[『맹자』「고자 하(告子 下)」]고 말했다. 이 말에는 유학의 기본적인 이치가 담겨 있지만, 후대의 사상사(思想史)에서 적지 않은 혼란을 야기했다.

인(仁)은 공자의 학설 가운데 최고의 도덕 준칙(準則)으로, 맹자는 이에 대해 "도(道)는 두 가지인데, 인(仁)과 불인(不仁)일 뿐이다.[道二, 仁與不

仁而已矣.]"[『맹자』「이루 상(離婁 上)」]라고 말했다. 도덕과 가치를 선택할 때에는 선(善)이 아니면 바로 악(惡)이고, 이것 아니면 저것일 뿐이라는 것이다. 이러한 이치는 이해하기 어렵지 않기 때문에, 유가의 신도들은 대가를 아끼지 말고 인을 실현하도록 재촉해야 하며, 설령 그 대가가 자신의 생명일지라도 아끼지 말아야 한다고 주장했다. 공자는 이에 대해 "뜻을 가진 선비와 어진 사람은, 삶을 구하기 위해 인을 해치지 않으며, 스스로 몸을 죽이면서 인을 이룬다.[志士仁人, 無求生以害仁, 有殺身以成仁.]"[『논어』「위령공(衛靈公)」]고 했으며, 맹자는 더욱 정련된 언어로 이런 행위를 "사생취의(捨生取義: 목숨을 버리고 의를 취함)"라고 표현했다. 바로 이러한 정신의 감화를 받아서 중국 고대의 많은 영웅적인 인물들은 선과 악 사이에서 중대한 결정을 해야 할 때, 목숨을 버리면서 구차한 모습을 보이지 않고 거리낌 없이 의(義)를 향해 나아갔다. 이러한 중국의 영웅들은 서양의 고대에 자신의 신앙을 지키기 위해 태연히 죽음을 선택했던 종교 신도들과 마찬가지로 위대하다고 할 수 있다.

의(義)

'의'도 또한 말로 표현하기가 쉽지 않은 명사이다. 유가의 '사서(四書)' 중 하나인 『예기』「중용(中庸)」에서는 "의는 '마땅함[宜]'이다.[義者, 宜也.]"라고 했는데, 이와 같은 간단한 해석은 사실 많은 도움을 줄 수 없다. 그러나 우리는 '의'와 대립되는 개념을 통해 그 의미를 알 수 있는데, 『논어』에서 그 대립되는 개념으로 쓰이는 것이 바로 '이로움[利]'이다. 『논어』「이인(里仁)」에는 다음과 같이 기재되어 있다.

공자가 말씀했다. "군자는 의에 밝고, 소인은 이로움에 밝다."[子曰: "君子喩於義, 小人喩於利."]

'군자'와 '소인'은 『논어』에서 종종 상대되는 말로 쓰이고 있다.(『논어』의 내용 중에서 소수의 경우에만 '군자'와 '소인'의 구분이 각각 통치자와 백성을 가리킴으로써, 양자는 단지 정치적 지위가 같지 않다는 것을 나타낸다. 반면 대부분의 경우, '군자'와 '소인'의 차별은 모두 도덕 수양의 차이에 대한 표현이다.) 양자의 차이를 대비시키는 것을 통해, 어떠한 품성을 표창하거나 다른 품성을 비판하기도 하는데, 이는 공자가 『논어』에서 일관되게 항상 사용한 방법이다. 수많은 비교들이 우리들로 하여금 다음과 같은 것들을 이해하게 해준다. 즉 군자는 마음에 거리낌이 없지만, 소인은 두려워하고 황송해 한다. 군자는 다른 사람이 잘 되도록 도와 주지만, 소인은 다른 사람을 함정에 빠뜨리는 것을 즐거움으로 삼는다. 군자는 차분하고 안정되어 있지만 교만하지 않고, 소인은 다른 사람을 능멸하고 오만하며, 결코 정중함이 없다. 군자는 어떤 일을 당하면 자기 자신을 돌아보지만, 소인은 일이 있을 때마다 다른 사람에게서 원인을 찾는다. ……이런 말을 통해 공자는 사람들에게, 군자는 '의'를 중시하지만, 소인은 단지 '이로움'밖에 모른다고 훈계하고

▲ 유학강경도(儒學講經圖)

▲ 제공대전(祭孔大典): 산동 곡부(曲阜)에 있는 공묘(孔廟)의 대성전(大成殿)에서 공자 탄신일(음력 8월 27일)에 열리는 축제다.

있다.

'이로움'이란 당연히 이익·재산·권위·명성을 가리키는데, 이러한 것들은 모두 우리가 잘 알고 있는 '이로움'들이다. 공자가 보기에, 이러한 이익을 좇거나 이로움을 보고 자기의 행위를 결정하는 사람들은 모두 소인이었다. 반면 군자는 '이로움'의 유혹으로 인해 '의'에 대한 지조를 바꾸지 않는데, 공자는 이러한 모습을 "의롭지 않게 부귀를 누리는 것은, 나에게는 뜬구름과 같다.[不義而富且貴, 於我如浮雲.]"고 표현했다. 이로부터 우리는 이익이 사람들의 '의'에 대한 지조를 심각하게 흔들 수 있다는 것을 알 수 있다. 상식적인 차원에서는 정확한 정의(定義)를 내릴 수 없지만, '의'는 그 자체의 정당성으로 인해 확립된 행위의 준칙이라는 것을 알 수 있다. 『논어』 「위령공」에서 공자가 "군자는 의(義)를 바탕으로 삼고, 예(禮)에 따라 행동하고, 공손하게 드러내며, 믿음으로 완성한다.[君子義以爲質, 禮以行之, 孫以出之, 信以成之.]"고 말했듯이, '의'와 '인'은 마찬가지로 기본적인 도덕 준칙에 속한다.

그러나 공자가 '의'와 '이로움'을 서로 대립시켰지만, 이는 결코 '이로움'을 조금도 취하지 말아야 한다는 것을 의미하지는 않았다. '이로움'은 종종 사람들로 하여금 사사로운 이익을 생각하게 하는데, 이것은 유가의 도덕 관념이 높이 평가하지 않는 이익이다. 그러나 '이로움'이 공공의 이익과 정당한 이익일 경우, 예를 들어 임금이 선정을 베풀면, 나라를 강성하게 할 수 있고, 백성들이 이익을 얻도록 할 수 있는데, 만약 공자가 이러한 이익까지도 반대했다고 말한다면, 그것은 분명히 사실에 어긋난다. 실제로 유가에서 말하는 '의'와 '이로움'에 대한 말들은 또한 몇 가지 한층 더 깊은 사고방식을 포함하고 있다. 전국 시대에 맹자가 양(梁) 혜왕(惠王)을 접견했는데, 첫 만남에서 양 혜왕은 맹자에게 "선생께서 천리를 멀다 하지 않고 이곳에 왔는데, 이것은 내 나라에 이익을 주려는 것입니까?"라고 말을 했다. 이에 맹자는 "왕께서는 어찌 반드시 이익을 말씀하십니까? 단지 인과 의가 있을 뿐입니다.[王何必曰利? 亦有仁義而已矣.]"라고 대답했다. 맹자는, 만약 인정(仁政)을 추진할 수 있다면, 한 나라의 임금이 실현하고 싶어 하는 현실 정치의 이익은 자연스럽게 얻을 수 있지만, 만약 단지 이익만을 목적으로 일을 처리한다면, 도리어 정치 질서가 점차 무너질 것이라고 보았다.[『맹자』 「양혜왕 상(梁惠王 上)」] '이로움'은 말해서는 안 되는 게 아니라, 말할 필요가 없는 것이며, 오직 '의'야말로 정치를 하는 사람이 마땅히 관심을 가져야 할 일이라는 것이다. 도덕인

▲ 공자 강학(講學) 밀랍상 (복원도)

의(道德仁義)는 공리성(功利性)에 반하는 것이 아니라, 공리성을 갖지 않는다는 것을 의미한다. 그것은 천도(天道) 혹은 사람의 양지(良知: 양심)의 필연적인 요구이며, 독립적인 도덕의 본체여서, 공리성과 목적성을 염두에 둔 행위들은 모두 도덕인의 그 자체를 해치게 된다.—비록 고대의 유가 학자들이 명확하게 표현하지는 않았지만, 그들은 의심할 여지 없이 이러한 관념을 알고 있었고, 또 그것이 자기의 행위를 제약한다는 점을 깨닫고 있었다. 현대에 이르러 새로운 유가 학자들이 서양 도덕철학의 영향을 받아, 다시 유가의 학설들을 깊이 살펴볼 때, 공자 등 고대 성현들의 말은 그들에게 든든한 사상적 자원을 제공해 주었다.

　이른바 '의와 이로움의 논쟁[義利之辯]'은 중국 고대 사상에서 기나긴 전통을 갖고 있는데, 공자 이후 전국 시대에 영향력이 컸던 또 하나의 학파였던 묵가(墨家)도 이 문제에 대해 많은 기록을 남겼다. 그러나 전체적인 관점에서 본다면, 중국 고대에서 '의와 이로움의 논쟁'에 관한 주류 관념은 여전히 유가가 주도한 것이었다. 그 가운데 극단적인 자들은 의를 중시하고 이로움을 버렸으며, 통달한 사람들은 의와 이로움을 함께 고려했다. 그들이 중국의 고대에 미쳤던 영향력은, 관념의 차원은 물론이고 현실의 차원에 대해서도 깊고 장구했다.

효(孝)와 제(悌)

효는 자녀들이 부모에게 순종하는 것을 가리키며, 제는 아우가 형에게 순종하는 것을 가리킨다. 다른 유가의 도덕 신조와 유사하게, 효와 제를 실천하는 것은 무조건적인 것이었으며, 그것은 외적으로 체현되어 몇몇 예법 제도를 이루었다. 『논어』「양화」에는 다음과 같은 구절이 있다.

재아(宰我)가 물었다. "3년 상(喪)은 기간이 너무 깁니다. 군자가 3년 동안 예를 하지 않으면, 예가 반드시 무너지고, 3년 동안 음악을 하지 않으면, 음악이 반드시 무너질 것입니다. 1년이면 곡식이 이미 없어지고 새 곡식이 익으며, 계절에 따라 불을 일으키는 나무도 바뀌니, 1년이면 그만둘 만합니다." 공자께서 말씀했다. "상중(喪中)에 쌀밥을 먹고 비단옷을 입는 것이 너는 편안하더냐?" 재아가 말했다. "편안합니다." (공자께서 말씀했다) "네가 편안하거든 그리 하거라. 군자가 상중일 때에는 맛있는 것을 먹어도 맛이 없으며, 음악을 들어도 즐겁지 않으며, 거처하는 것도 편안하지

▲ 효(孝)의 예의

않다. 이 때문에 하지 않는 것이니, 네가 편안하다면 그리 하거라." 재아가
나가자, 공자께서 말씀했다. "여(予: 재아의 이름)는 인(仁)하지 않구나! 자
식이 태어나서 3년이 된 후에야 부모의 품을 벗어난다. 3년의 장례는 천
하의 공통된 상례(喪禮)이니, 재아도 그 부모에게 3년 동안의 사랑을 받
지 않았느냐?"[宰我問: "三年之喪, 期已久矣. 君子三年不爲禮, 禮必壞. 三年不爲
樂, 樂必崩. 舊穀旣沒, 新穀旣升, 鑽燧改火, 期可已矣." 子曰: "食夫稻, 衣夫錦,
於女安乎?" 曰: "安." "女安則爲之! 夫君子之居喪, 食旨不甘, 聞樂不樂, 居處不
安, 故不爲也. 今女安, 則爲之!" 宰我出. 子曰: "予之不仁也! 子生三年然後, 免於
父母之懷, 夫三年之喪, 天下之通喪也. 予也有三年之愛於其父母乎?"]

▲ 재여(宰予)

삼년상(三年喪)이란, 자식이 부모를 위해 3년 동안 상을 치르며 애도하는 것인데, 이는 유가의 상례에서 가장 기본이 되는 예법이다. 삼년상은 실제로 27개월인데, 유가에서는 효자에게 참최[斬衰, 유가에서 정한 흉복(凶服) 다섯 가지 중 가장 중한 것이다. 그 나머지 넷은 제최(齊衰), 대공(大功), 소공(小功), 시마(緦麻)이다. 가장 중한 것이라고 한 것은, 그 겉모습을 표현한 것인데, 재질이 가장 남루하고 바느질이 가장 정밀하지 못하기 때문이다.]를 입고, 저장(苴杖, 대나무로 만든 지팡이)을 짚으며, 의려(倚廬, 상중인 자가 묘소 근처에서 거주하는 움막)에 거처하고, 점괴(苫塊, 풀로 만든 자리와 흙덩이로 만든 베개)를 사용

할 것을 요구한다. 이외에도 무수히 많은 복잡한 예절과 의식을 거행해야 한다. 『의례(儀禮)』의 「사상례(士喪禮)」, 「기석례(旣夕禮)」, 「사우례(士虞禮)」를 보면, 우리는 앞에서 언급했던 예의(禮儀)들을 볼 수 있는데, 매우 복잡하고 자질구레하며 극도로 세밀하여 사람들의 눈을 어지럽히기에 충분하지만, 이것은 단지 모든 상례의 일부분일 뿐이다. 상례를 시작한 지 25개월째가 되면, 대상(大祥)이라는 제사를 마치고, 상복을 입었던 사람은 비로소 참최를 벗게 되는데, 상례를 온전히 끝마치려면 27개월째 때 담제(禫祭)를 끝마치기를 기다려야 한다. 이로부터 짐작하여 알 수 있

는 것은, 이처럼 긴 시간 동안 복잡하고 힘든 예의를 진행하면, 사람들의 일상생활 리듬이 어지러워질 수밖에 없는데, 특히 정치를 하는 사람은 그의 관직 생활을 망쳐버릴 수도 있다. 실제로 중국 고대의 대부분의 기간 동안 관직에 있는 사람의 부모가 세상을 떠나면, 그들은 반드시 관직을 떠나 상례를 치러야 했다. 현대인이 보면 당연히 이는 이해할 수 없는 일인데, 고대에도 이러한 상례에 반대하는 목소리가 결코 없지는 않았으며,

▲ 장례를 치르는 효자들 인형

역사상으로도 여러 차례 관리들이 명령을 내려 이렇게 긴 시간 동안 상례를 치르는 것을 중지시키거나, 혹은 그렇게 긴 상례 기간을 완화시킨 적도 있었다. 때문에 재아가 삼년상에 회의(懷疑)를 품은 것 또한 이해할 만하다.

재아가 회의를 표시한 것에 대해 공자는 매우 분개했다. 그러나 그는 삼년상을 법률로 간주하여 사람들에게 강요하지는 않았다. 그가 제아에게 질문한 데에서 알 수 있듯이, 상례의 합리성을 여전히 사람들의 정감(情感) 위에서 확립하고 있다. 즉 부모가 고생하여 자녀를 성인으로 키웠듯이, 부모가 세상을 떠난 다음에는 자녀들이 3년 혹은 그보다 더 긴 기간 동안 상례를 통해 비통한 마음을 표현하는데, 이는 매우 자연스

▲ 자공(子貢)의 여총(廬塚): 부모나 스승이 세상을 떠나면 무덤 옆에 움막을 짓고 살면서 무덤을 지키는 일을 여총 혹은 여묘(廬墓)라고 하는데, 공자의 가장 뛰어난 제자였던 자공이 공자의 묘 옆에서 여총하는 모습을 그린 그림이다.

러운 일이며, 만약 그렇게 하지 않으면 사람들을 불편하게 한다는 것이다. 재아는 뜻밖에도 상례 기간 중에 맛있는 음식을 먹고 아름다운 옷을 입는 상황에 대해, 태연히 그리 할 수 있다고 했으니, "인(仁)하지 않다"는 평가를 그에게 내릴 수밖에 없었다. 이 대화로부터 우리에게 다음과 같은 결론을 도출할 수 있다. 즉 삼년상은 일종의 예법으로, 단지 '효' 사상의 외적인 표현일 뿐이며, '인(仁)'·'의(義)'와 마찬가지로 효는 사람의 도덕적인 본성에서 근원하며, 자연스러운 정감에 뿌리를 두고 있다는 것이다. 우리가 이미 끊임없이 계속 보았듯이, 이러한 것들은 유가 도덕 학설이 담고 있는 내용으로, 『맹자』에 나오는 다음 구절은 이러한 이치를 매우 구체적으로 설명해 준다. 『맹자』「공손추 상(公孫丑 上)」에는 이렇게 기록되어 있다.

사람에게는 차마 하지 못하는 마음이 있다. 선왕들에게도 차마 하지 못하는 마음이 있었기 때문에, 차마 못 본 척할 수 없는 정치를 할 수 있었다. 차마 하지 못하는 마음으로 차마 못 본 척할 수 없는 정치를 행하면, 천하를 다스리는 것은 손바닥에서 움직이는 것과 같을 것이다. 사람들에게 모두 남에게 차마 하지 못하는 마음이 있다고 말하는 근거는 이러하다. 지금 어떤 사람이 갑자기 어린아이가 우물로 들어가려는 것을 보면, 누구나 깜짝 놀라서 측은(惻隱)해 하는 마음이 드니, 이렇게 하는 것은 어린아이의 부모와 교분을 맺기 위해서도 아니며, 그렇게 함으로써 고을 사람들이나 친구들에게 칭찬을 듣기 위해서도 아니며, 그런 어린아이를 구하지 않았을 경우 듣게 될 비난을 싫어해서도 아니다. 이로 말미암아 본다면, 측은해 하는 마음[惻隱之心]이 없으면 사람이 아니며, 부끄러워하고 미워하는 마음[羞惡之心]이 없으면 사람이 아니며, 사양하는 마음[辭讓之心]이 없으면 사람이 아니며, 옳고 그름을 가리는 마음[是非之心]이 없으면 사람이 아니다. 측은지심은 인(仁)의 단서이고, 수오지심은 의(義)의 단서이고, 사양지심은 예(禮)의 단서이며, 시비지심은 지(智)의 단서이다. 사람이 이 네 가지 단서[四端]를 가지고 있는 것은 마치 사지(四肢)를 가지고 있는 것과 같으니, 이 사단을 가지고 있으면서도 스스로 인의(仁義)를 행할 수 없다고 말하는 자는 자신을 해치는 자이고, 자기 임금이 인의를 행할 수 없다고 말하는 자는 자기 임금을 해치는 자이다. 무릇 나에게 사단이 있으니, 모든 것을 알아서 그것을 넓히고 채우면, 마치 불이 처음 타오르고, 샘이 처음 솟아나온 것과 같다. 참으로 그것을 채울 수 있으면, 족히 천하를 보전할 수 있고, 참으로 그것을 채우지 못하면, 부모를 섬기기에도 부족하니라.[人皆有不忍人之心. 先王有不忍人之心, 斯有不忍人之政矣. 以不忍人之心, 行不忍人之政, 治天下可運之掌上. 所以謂人皆有不忍人之心者,

今人乍見孺子將入於井, 皆有怵惕惻隱之心, 非所以內交於孺子之父母也, 非所以要譽於鄉黨朋友也, 非惡其聲而然也. 由是觀之, 無惻隱之心, 非人也. 無羞惡之心, 非人也. 無辭讓之心, 非人也. 無是非之心, 非人也. 惻隱之心, 仁之端也. 羞惡之心, 義之端也. 辭讓之心, 禮之端也. 是非之心, 智之端也. 人之有是四端也, 猶其有四體也. 有是四端而自謂不能者, 自賊者也. 謂其君不能者, 賊其君者也. 凡有四端於我者, 知皆擴而充之矣, 若火之始然, 泉之始達. 苟能充之, 足以保四海. 苟不能充之, 不足以事父母.]

어린 아이가 발을 헛디뎌 우물 속으로 떨어지는 것을 본다면, 누구라도 놀라고 걱정하는 마음을 느끼게 될 것이다. 그와 같은 이유로, 결코 이익이 되지 않더라도 사람의 천성 가운데 착한 마음의 발난이 작용하게 된다. 유가의 도덕 학설은 바로 이렇게 선천적으로 선한 요소에 의지해야만 비로소 성립될 수 있는데, '인(仁)', '의(義)', '예(禮)', '지(智)'든, 아니면 '효(孝)', '제(悌)'든 모두가 그와 같다. 이것은 대략적으로 또한, 어째서 '효제(孝悌)'가 유가의 인의(仁義) 사상의 근본으로 여겨지게 되었는지를 설명해 줄 수도 있다. 즉 사람은 자신의 부모·형제자매와의 관계가 그의 사회적 관계들 가운데에서 가장 기초적인 것이며, 이러한 관계 속에서 생성되어 나오는 정감 및 그 정감에 기초를 두고 형성된 예제(禮制)는, 유가의 전체 도덕 윤리에 대해 말하더라도 역시 자연스럽게 기초를 다지는 역할을 한다는 것이다. 『논어』에서 "효(孝)와 제(悌)는 인(仁)을 실천하는 근본이다![孝弟也者, 其爲仁之本與!]"라고 한 말이 바로 이러한 이치를 보여준다.

▲ **공자흥중도(孔子興衆圖):** 공자는 3천여 명이나 되는 제자들을 길러 냈는데, 그렇게 많은 제자들 중에서도 가장 뛰어났던 제자들이 공자를 중심으로 양쪽에 앉아 있는 모습을 그린 그림이다.

4. 끊임없이 이어진 스승의 가르침
공자의 뛰어난 제자들

    교육자로서 공자의 성취는 유형과 무형의 두 방면으로 구분할 수 있다. 무형적인 성취는 그의 교육 사상이며, 유형적인 성취는 그가 수많은 제자들을 불러 모아 많은 인재를 길러낸 것을 가리킨다. 이 제자들과 그들의 학문적 후예들은 마침내 방대한 유가 학파를 형성했다. 『사기』의 기록에 따르면, 공자의 제자들은 3천 명이 넘는데, 그 중 성적이 뛰어나고 육예(六藝)에 통달한 사람은 72명이라고 한다. '육예'는 나중에 '육경(六經)'을 기리키는 말로 사용되기도 하는데, 여기에서는 예절[禮], 음악[樂], 활쏘기[射], 말타기[御], 글쓰기[書], 수학[數]이라는 여섯 가지 기예를 가리킨다. 이것들은 '육경'과 함께 공자가 학생들을 가르친 주요 과목이라고 여겨진다. 『논어』에서는 또한 "공자께서는 네 가지를 가르치셨는데, 학문, 실천, 충성, 신의가 그것이다.[子以四敎, 文, 行, 忠, 信.]"(『논어』「술이」)라고 했다. 이것은 공자가 학생들에게 가르친 내용을 가리키는데, 예로부터 전해 오는 문헌[文], 사회적 실천의 경험[行], 충성하고[忠], 신의[信]를 지키는 품격이다. 자기 제자들에 대해, 공자는 또한 그것을 네 과목, 즉 덕행(德行), 언어(言語), 정사(政事), 문장(文章)으로 나누고, 각 분야에서 탁월한 성적을 거둔 사람들을 열거했다. 『논어』「선진」에서 다음과 같이 기술되어 있다.

▲ 태산(泰山)의 공묘(孔廟)에 있는 공자상

　　덕행(言語)에는 안연, 민자건, 염백우, 중궁. 언어(言語)에는 재아, 자공. 정사(政事)에는 염유, 계로(자로를 가리킴-옮긴이). 문학(文學)에는 자유, 자하가 뛰어나다.[德行: 顏淵, 閔子騫, 冉伯牛, 仲弓. 言語: 宰我, 子貢. 政事: 冉有, 季路. 文學: 子遊, 子夏.]

아래에서는 네 가지 분야에 이름이 언급된 공자의 제자들 몇 명을 다시 소개하고, 이를 기초로 삼아 공자의 교육 사상을 이해하고자 한다.

안연(顏淵)

안연은 노(魯)나라 사람으로, 이름은 회(回), 자(字)는 자연(子淵)이며, 공자보다 30살 아래였는데, 공자가 가장 총애하는 제자였다고 할 수 있다. 『논어』에 따르면, 안연이 세상을 떠난 후, 계강자(季康子)가 공자에게 제자들 중 누가 가장 우수하냐고 묻자, 공자가 탄식하면서 말하기를, 안연이 가장 배우는 것을 좋아했지만 불행히도 일찍 세상을 떠났으며, 지금은 그와 같은 제자가 없다고 했다. 그가 공자의 마음속에서 차지한 비중이 이처럼 컸으므로, 그의 죽음에 대한 공자의 비통함은 극에 달하여 "하늘이 나를 버리셨도다.[天喪予.]"라고 탄식했다. 역사 기록에 따르면, 안연은 차분하고 조용하여 어리석은 듯이 보였지만, 내면을 살피는 개인 수양에 몰두하는 학자였다고 한다. 공자는 안연에 대해 '하루 종일 수업을 듣고도 아무런 질문도 하지 않아 어리석은 듯 보였지만, 돌아가서 스스로 생각했으며, 하나를 듣고 나면 그 밖의 것들에 대해서도 스스로 생각하여 지식을 넓히는 것을 보니, 결코 그가 어리석지 않다는 것을 알게 되었다'고 말하기도 했다.[『논어』 「위정」: "공자께서 말씀하기를, '내가 안연과 종일토록 학문에 대해 이야기했는데, 의문을 제기하지 않아 어리석은 사람 같았다. 그런데 물러간 뒤에 그의 사사로운 일들을 살펴보니, 잘 실행하고 있었다. 안연은 어리석지 않구나.'라고 하셨다.(子曰: '吾與回言終日, 不違如愚. 退而省其私, 亦足以發. 回也不愚'.)"] 전하는 말에 따르면, 안연은 개인 수양에서 이미 매우 높은 수준에 이르렀다고 하는데, 공자는 또한 그에 대해 "그 마음이 세 달이 지나도 인(仁)에서 어긋나지 않았다. 그 나머지 사람들은 하루나 한 달 정도만 인에서 어긋나지 않을 뿐이다.[其心三月不違仁, 其餘則日月至焉而已矣.]"(『논어』 「옹야」)라고 했으니, 인재가 매우 많았

▲ 안묘(顏廟: 안연의 사당) 내에 있는 '악정(樂亭)'

던 공자의 제자들 중에서도 안연은 매우 뛰어났다는 것을 알 수 있다.

위에서 언급한 바와 마찬가지로, 안연은 공자의 제자들 중에서도 덕행(德行)이 뛰어난 사람의 대표자였다. 『논어』에는 그의 일상생활에 대해서도 기록하고 있다. 즉 그는 작고 누추한 마을에 살면서 보잘 것 없는 음식만을 먹었으니, 주변 사람들은 모두가 그렇게 고생스러운 생활을 보고 참을 수 없어 했지만, 안연은 낙관적인 태도를 바꾸지 않았다고 한다.[『논어』「옹야」: "어질구나! 안연아! 한 그릇의 밥과 한 바가지의 물을 마시며 누추한 거리에서 살게 되면, 사람들은 보통 그 근심을 견디지 못하는데, 안연은 그 속에서도 도(道)를 즐기는 것을 바꾸지 아니하니, 어질구나! 안연아!(子曰: 賢哉, 回也! 一簞食, 一瓢飮, 在陋巷. 人不堪其憂, 回也不改其樂. 賢哉, 回也!)"]

자신의 수양에만 집중하고 외부 환경의 좋고 나쁨에 개의치 않으면서 덕행을 실천하는 태도는, 마치 스토아주의자와 마찬가지로 엄숙했다. 이 때문에 안연은 후세의 유가 신봉자들에게 모범이 되었다. 특히 송나라 이후 이학가(理學家)들은 어떻게 절조(節操)를 배양하고 덕행을 연마해야 하는지 토론하면서, 종종 안연을 거론했다. 오늘날의 관점에서 보면, 안자(顔子, 안연의 존칭)가 어려운 환경에서도 즐겼다고 하는 바로 그 도(道)의 실체가 과연 무엇이었는지를 규명하는 것은, 깊이 생각해 볼 만한 가치가 있는 문제이다. 만약 누군가가 안연이 어려운 환

▲ 안연(顔淵)

경에서도 활달한 마음과 태도를 유지할 수 있었던 것을 분명하게 체득할 수 있다면, 그는 유가에서 추구하는 이상적인 인격에 확실히 가까워졌다 할 것이다.

자로(子路)

자로의 이름은 중유(仲由)이며, 자로는 그의 자(字)이다. 그는 공자보다 9살 아래였으므로, 공자의 제자들 중에서 나이가 가장 많은 사람 중 한 명이었다. 안연과 비교하면, 자로는 완전히 다른 유형의 사람으로, 거칠

▲ 자로(子路)

고 솔직했으며, 싸움을 좋아하는 용맹한 사람이었다. 『사기』에 기록하기를, 그가 공자를 처음 만났을 때 닭과 돼지를 몸에 걸치고서(이 말은 자로의 의복을 가리키는 것이다. 후대의 학자들은 닭과 돼지는 싸움을 좋아하는 동물이므로, 자로가 이 두 가지로 꾸민 것은 자신의 용맹함을 과시한 것이라고 여겼다. 실제로 이 표현은 아마 당시에 그가 기이한 복장을 착용하고 있었다는 것을 가리키는 말일 것이다.), 자신의 무력을 믿고 공자를 능멸하려 했다. 그러나 그는 마침내 공자에게 설복되어, 공자의 가장 충직한 제자가 되었다. 역사서에서는 자로가 공자의 제자가 된 이후에, 기이한 형상의

옷을 버리고 유가의 옷을 입었다는 사실을 잊지 않고 기록하고 있다.

공자의 제자가 된 자로는 옷을 바꾸어 입었을 뿐만 아니라, 원래의 거칠고 무모한 성격도 상당히 많이 완화되었다. 당연히 사람의 성격은 쉽게 바뀌는 것이 아니어서, 자로는 공자의 제자들 중에서 언제나 용맹하기로 유명했다. 공자는 평생 온갖 우여곡절을 겪었는데, 중년 이후에 노나라를 떠나 여러 나라를 돌아다니면서 여러 차례 위험한 일들을 겪었지만, 주변에 이렇게 용맹한 제자가 있어서 많은 도움을 받을 수 있었다. 공자가 회상하면서 말하기를, 자로가 공자의 제자가 된 이후로는 공자에 대해 모욕하는 말을 들을 수가 없었다고 했다.[『사기』 「중니제자열전(仲尼弟子列傳)」에는, "공자께서 말씀하기를, '자로를 얻은 다음부터 나쁜 말이 들리지 않았다'고 했다.(孔子曰: '自吾得由, 惡言不聞於耳'.)"] 이는 바로 공자에게 감복된 자로가 호위한 덕분이었다. 그러나 정치와 학술 방면의 재능에 대해 논하자면, 공자의 우수한 여러 제자들 중에서 자로는 분명 가장 우수하다고 할 수는 없었으며, 공자도 그의 한계를 지적한 적이 있다. 예를 들어 『논어』에 기록하기를, 어떤 사람이 공자에게 자로가 인(仁)이라는 덕성(德性)을 지니고 있는지 묻자, 공자는 병거(兵車) 천 대를 보유한 나라에서 자로는 전쟁과 군대를 다루는 업무는 능히 완수할 있지만, 인이라는 덕성에 대해서는 알지 못한다고 대답했다.[『논어』 「자한(子罕)」: "맹무백(孟武伯)이 물었다. '자로는 인(仁)합니까?' 공자가 대답했다. '알지 못합니다.' 맹무백이 또 묻자 공자께서 말씀했다. '자로는 천승(千乘)의 나라에 병사를 다스리게 할 수는 있지만, 그가 인한지는 알지 못합니다.'("武伯問: '子路仁乎?' 子曰: '不知也.' 又問, 子曰: '由也, 千乘之國, 可使治其賦也, 不知其仁也.')"] 자로는 공자의 정치 사상에 대해서도 완전히 이해하지 못했다. 그는 공자의 '정명(正名)' 사상

▲ 자로문진(子路問津): "자로가 나루터를 묻다"라는 뜻으로, 『논어』 「미자(微子)」편에 나오는 고사인데, 그 내용은 다음과 같다. 장저(長沮)와 걸닉(桀溺)이 밭을 갈고 있을 때, 마침 공자가 그 곳을 지나다가 큰 강을 만나 길이 막히자, 자로로 하여금 그들에게 나루터가 어디인지 물어보도록 했다는 내용이다. 장저와 걸닉은 자로에게 말하기를, '도도하게 흐르는 세상은 바꿀 수 없으니 은자가 되라'고 충고한다. 그러자 공자는 탄식하면서 "내 어찌 산림에 은거하면서 새나 짐승과 더불어 살겠는가? 내가 사람들과 살지 않고 누구와 함께 살겠는가? 제대로 된 세상이라면 내가 굳이 바꾸려 하지 않았을 것이다."라고 했다.

이 엄숙한 사회 질서에 대해 중요한 의의를 갖는다는 점을 이해하지 못하여, 정치에 참여하거나 국가를 관리하는 것은 반드시 학문과 수신을 기본으로 삼지 않아도 된다고 여겼다. 심지어 그는 공자의 사상이 진부하다고 생각했는데, 공자는 그 때문에 그를 "거칠다[野]"고 꾸짖었다.(『논어』「자로」와 『논어』「선진」) 대체적으로 자로는 배움을 좋아했지만, 약간 경망스럽고 조급한 제자였다. 그러나 그에게는 공자가 칭찬하는 장점도 있었는데, 즉 말을 하면 반드시 실천하고, 지킬 수 없는 약속은 절대로 하지 않는 점이었다.[『논어』「안연」: "자로는 승낙한 것을 미루는 법이 없다.(子路無宿諾.)"] 그는 또한 안연처럼 가난하고 어려운 조건에서도 태연자약한 태도를 유지했으며, 유가(儒家)의 자부심을 잃지 않았다. 그러나 공자가 한

▲ 자로가 나루터를 물었다고 전해지는 곳에 세워진 비석

번 그를 칭찬하면, 그는 득의양양하여 그것에만 몰두했기 때문에, 결국 또 공자로부터 꾸지람을 들었다.[『논어』「자한」: 공자께서 말씀했다. "해진 솜옷을 입고서 여우나 담비로 만든 가죽옷을 입은 자와 같이 서 있어도 부끄러워하지 않는 자는, 아마도 자로일 것이다. '남을 해치지 않고 남의 것을 탐하지 않는다면, 어찌 선(善)하지 않겠는가.'" 자로가 이 시 구절을 종신토록 외우려고 하자, 공자께서는 "도(道)이기는 하지만, 어찌 그것만으로 족하겠는가."라고 말씀했다.(子曰: "衣幣縕袍, 與衣狐貉者立, 而不恥者, 其由也與? '不忮不求, 何用不臧?'" 子路終身誦之. 子曰: "是道也, 何足以臧?")] 공자 자신의 말을 사용하자면, 학문과 수신에서 자로는 단지 "집에 들어왔을 뿐[登堂]", 아직 "방에 들어오지는

[入室]" 못한 상태였다.

비록 그러했지만, 공자는 여전히 그를 좋아했으며, 자로 또한 여러 제자들 중에서 매우 드물게도 감히 스승인 공자를 직접 나무랄 수 있는 한 사람이었다. 공자가 공산불요(公山弗擾)와 필힐(佛肸) 등 난신적자(亂臣賊子) 혐의가 있는 자들로부터 부름을 받았을 때, 가서 만나야 할지를 두고 망설이자, 바로 자로가 매우 날카롭게 책망하여, 공자로 하여금 단념하도록 했다. 자로는 나중에 위(衛)나라에서 관리가 되었다. 그는 어려운 상황에서도 구차하지 않았으므로, 위나라의 정변(政變)에 말려들었다. 반란군들을 토벌하는 전투 중에 자로의 갓끈이 적의 칼에 맞아 끊어지자, 그는 "군자(君子)는 죽을 때도 의관을 정제해야 한다."고 말하고는 갓끈을 매고 죽었다. 노나라에서 닭과 돼지를 걸치고 다니던 자유분방한 시절과 비교하면, 이 때의 자로는 확실히 덕의(德義)와 용기를 겸비한 유학자였다고 할 수 있다.

자공(子貢)

자공이라는 호칭도 역시 자(字)이며, 본래의 이름은 단목사(端木賜)이다. 그는 공자의 제자들 중 또 한 사람의 개성이 뚜렷했던 인물이다. 역사서의 기록에 따르면, 자공의 특기는 두 가지였는데, 첫째는 말주변이 좋아서 변론을 잘한 것이며, 둘째는 상업에 재능이 있어서 장사를 하여 많은 돈을 벌었다는 점이다. 전자에 대해서는 『사기』에 자못 과장된 이야기가 기재되어 있다. 즉 제(齊)나라가 노(魯)나라를 공격하려 하자, 자공은 공자의 명을 받들어 제·오(吳)·월(越)·진(晉) 등 네 나라에 사신으로 가서, 네 나라의 임금과 권신들에게 유세를 했다. 그 결과 "노나라를 구하고, 제나라를 혼란에 빠뜨리고, 오나라를 망하게 하고, 진나라를 강대하게 만들고, 월나라를 패자(霸者)로 만들어[存魯, 亂齊, 破吳, 强晉而覇越]" 천하의 판세를 한 바탕 크게 바꾸어 버렸다고 한다. 후자에 대해 『사기』에서는, "시기에 따라 각종 재화들을, 쌀 때 사서 비쌀 때 팔았다.[與時轉貨賫]"고 했다. 즉 한 가지 물건을 형편이 좋을 때 사서 저장해 놓았다가, 비싸졌을 때 다시 내다 팔았다. 이 방법은 오늘날 장사하여 돈을 버는 방법과도 다르지 않

▲ 자공(子貢)

은데, 자공은 그렇게 하여 "집안에 천금을 쌓아 둔[家累千金]" 부호가 되었다. 만약 이 두 가지 이야기가 사실이라면, 자공은 후세 상인들의 모범일 뿐만 아니라, 전국 시대의 장의(張儀)나 소진(蘇秦) 무리와 같은 종횡가(縱橫家)의 선구자라고도 할 수 있을 것이다. 그러나 첫 번째 이야기는 분명히 신뢰하기 어렵다. 비록 『좌전』의 기록에 따르면 자공은 확실히 상당한 외교적 재능이 있었던 것은 분명하지만, 이와 같이 극적인 사건은 전국 시대 사람들이 꾸며낸 이야기일 뿐이다.

『논어』를 보면, 자공은 확실히 언변이 뛰어난 사람이었기 때문에, 공자는 그와 재아(宰我)를 언어에 뛰어난 제자로 여겼다. 『사기』에서 "다른

▲ 자공이 공자 묘소에서 6년 동안 여묘(廬墓: 부모나 스승이 세상을 떠나면, 묘소 옆에 움막을 짓고 살면서 묘를 지키는 일)했던 곳

사람의 장점을 기뻐하며 칭찬하지만, 다른 사람의 단점은 덮어 주지 못했다.[喜揚人之美, 不能匿人之過.]"고 했는데, 대체로 이에 대한 근거가 전혀 없지는 않다. 『논어』 「헌문(憲問)」에서는, "자공이 남을 비교하여 논평하니, 공자께서는 '자공은 똑똑하구나! 대저 나는 그럴 겨를이 없는데.'라고 말씀했다.[子貢方人. 子曰: '賜也賢乎哉! 夫我則不暇.']"고 했다. 또 공자는 자공의 질문에 대해 그에게 아주 유명한 말, 즉 "자기가 원하지 않는 것은 남에게 하지 말라.[己所不欲, 勿施於人.]"고 하여 깨우쳐 주었다. [『논어』 「위령공」: "자공이 물었다. '한 마디 말로써 평생 행할 만한 것이 있습니까?' 공자께서 말씀했다. '아마도 서(恕), 즉 자기가 원하지 않는 것을 남에게 하지 않는 것이리라.'(子貢問曰: '有一言而可以終身行之者乎?' 子曰: '其恕乎! 己所不欲, 勿施於人.')" "己所不欲, 勿施於人"이라는 구절은 『논어』에 두 번 나오는데, 다른 하

▲ 공공단체에서 거행하는 공자의 제사 의식 장면

나는 『논어』 「안연」에 있다.] 이 두 차례의 대화는 대체로 자공이 다른 사람의 단점을 비웃고 비난하기 좋아했기 때문에 이루어진 것이다. 한편, 자공은 상업을 통해 부를 축적했지만, 공자가 보기에 자공은 장사를 전적으로 투기와 억측에 의지하고 있었으며, 또한 그것은 마땅히 그가 해서는 안 된다고 여겼다.[『논어』 「선진」: "공자께서 말씀했다. '……자공은 천운을 타고나지 않았는데도 재산이 늘어나니, 억측하면 자주 들어맞는구나.'(子曰: '……賜不受命, 而貨殖焉, 億則屢中.')"] 상업이나 상인은 유가 사상에서의 지위가 줄곧 높지 않았으므로, 자공이 이 분야에 종사했던 것은 이례적이었다.

물론 자공은 공자가 여전히 매우 아끼는 제자였다. 자공이 공자에게 자신을 평가해 달라고 요청하자, 공자는 마치 호련(瑚璉)이라는 제기(祭器) 같다고 했다.[『논어』 「공야장(公冶長)」] 호련은 아주 귀한 예기(禮器)이니, 이 말은 일반적으로 자공에 대한 칭찬이라고 이해할 수 있을 것이다. 『논어』에는 공자와 자공의 대화가 아주 많고, 자공 본인의 말도 적도 않은데, 그 중에는 그가 다른 사람들 앞에서 공자를 변호하거나 공자의 덕행을 칭송하는 말들이 상당수 포함되어 있다. 중국 고대 철학사에서 유명한 말로 여겨지는, "선생님의 문장은 들을 수 있었지만, 선생님께서 성(性)과 천도(天道)를 말씀하는 것은 들을 수 없었다.[夫子之文章, 可得而聞也. 夫子之言性與天道, 不可得而聞也.]"(『논어』「공야장」)는 문장은 바로 자공이 한 말이다. 『사기』의 기록에 따르면, 공자가 세상을 떠난 후 그의 제자들이 예제(禮制)에 의거하여 공자를 위해 삼년상을 치른 다음에 흩어졌지만, 자공은 공자의 무덤 옆에 오두막을 짓고 스승을 위해서 6년간이나 상복을 입었다고 한다. 나중에 자공은 제(齊)나라로 갔으며, 그곳에서 세상을 떠났다.

자하(子夏)

자하의 이름은 복상(卜商)이며, 자하는 그의 자(字)이다. 공자의 제자인 그의 생애에 관해 기록되어 있는 것은 분명히 많지는 않다. 그는 안연처럼 출중하게 뛰어나지도 않았으며, 자로처럼 성격이 뚜렷하지도 않았고, 또한 자공처럼 다재다능하지도 않았다. 그는 거보(莒父)라는 지역에서 벼슬을 했다고 하는데, 그 정치의 효과가 어떠했는지 알려져 있지 않다. 『논어』에는 그에 대한 기록이 꽤 많지만, 다른 사람에 비해 중요하게 다루어지지는 않았다. 사실 자하에 관해 가장 중요한 점은, 그가 오랜 시간 동안 공자 이후 유가 학술의 창시자로 여겨진다는 사실이다.

이러한 주장의 발원을 추적해 가면, 한대(漢代)까지 거슬러 올라갈 수 있다. 한나라 때의 학자들은 경학(經學)의 역사를 토론할 때, 모두들 사제(師弟) 간에 전승 순서가 분명한 하나의 맥락으로 정리해 내기를 원했다. 이 맥락은 옛날부터 그 당시에 이르기까지 수없이 많은 학자들을 포함하고 있었는데, 그 맥락의 시초가 종종 자하까지 거슬러 올라가곤 했다. 예를 들어 『시(詩)』가운데 '모시(毛詩)'라는 학문은 자하가 고행자(高行子)에게 전수했고, 고행자는 설창자(薛倉子)에게 전수했으며, 설창자는 백묘자(帛妙子)에게 전수했고, 백묘자는 대모공[大毛

▲ 자하(子夏)

公, 즉 모형(毛亨)]에게 전수했으며, 대모공은 소모공[小毛公, 즉 모장(毛萇)]에게 전수했다고 전해지는데, 이와 같이 기괴한 이름을 가진 일련의 학자들의 전수를 거쳐 마침내 한나라의 '모시'를 연구하는 학자들에게까지 이어지게 됨으로써, 완전한 '모시'의 전승 계통이 형성되었다고 한다. 게다가 '모시'에서 가장 중요한 「시서(詩序)」도 자하가 지은 것이라는 관점도 존재했다. 기타 다른 경전, 예를 들어 『춘추공양전』이나 『춘추곡량전』도 '모시'와 마찬가지로 자하까지 거슬러 올라간 전승 계통이 존재한다. 『역(易)』의 경우, 『사기』가 명확하게 기록하고 있는 전승 계통은 공자의 또 다른 제자인 상구(商瞿)로부터 시작하지만, 당나라 이전에는 『자하역전(子夏易傳)』이라는 책이 전해지고 있었다. 『자하역전』은 아마도 한

▲ 공묘(孔廟) 전경

나라 시대의 학자인 한영(韓嬰)이나 한상(韓商)의 저작인 것 같은데, 당시에는 자하가 지은 것이라고 여겨졌다. 심지어 만일 일부 학자들—예를 들어 송나라 때의 홍매(洪邁)—의 말을 믿는다면, '오경'을 연구하는 학문은 모두 자하로부터 전해온 것이다.

이러한 주장들 가운데에는 당연히 사실인 부분들도 존재하겠지만, 전체적으로는 신뢰도가 결코 높지 않으며, 훨씬 더 많은 부분들은 고대 경학가들의 맹목적인 믿음일 것이다. 그러나 자하가 살았던 당시와 그 이후의 학술에 대한 그의 거대한 영향력은 결코 근거 없는 말이 아니다. 『사기』의 기록에 따르면, 공자가 세상을 떠난 다음 자하는 서하(西河)에 살면서 제자들을 가르쳤는데, 그 곳에서 위(魏)나라 문후(文侯: 위나라를 세운 임금)의 스승이 되었다고 한다. 당시의 위나라는 한(韓)·조(趙) 두 나라와 함께 진(晉)나라를 분할하여 차지하고 나라를 세운지 얼마 안되어, 치국에 온 힘을 기울이던 시기였으므로, 위 문후는

▲ 순자(荀子)

천하의 인재들을 널리 불러 모았는데, 자하는 바로 그들 중 한 명이었다. 비록 역사 자료가 부족하기 때문에, 우리는 자하가 당시 구체적으로 무엇을 했는지 명확히 알 수는 없지만, 분명히 그가 서하에서 제자들을 불러 모아 학문을 가르쳤다는 것은 인정할 수 있다. 그 제자들 가운데에는 위 문후 이외에, 단간목(段干木) 같은 현명하고 선량한 군자도 있었으며, 이극(李克) 같은 군사적 재능을 갖춘 이도 있었다. 그 밖에 전국 시대의 유학자인 순자(荀子)는 나이 차이가 컸기 때문에 아마도 직접 자하를 만났을 가능성은 거의 없지만, 그 지역에서 공부하면서 분명히 자하로부터 전수받은 서하의 학풍(學風)에 영향을 받았을 것이다. 각종 믿기 어려운 말들을 제외하더라도, 여전히 자하는 공자 이후의 매우 중요한 유가 학술의 전파자였다고 할 수 있다.

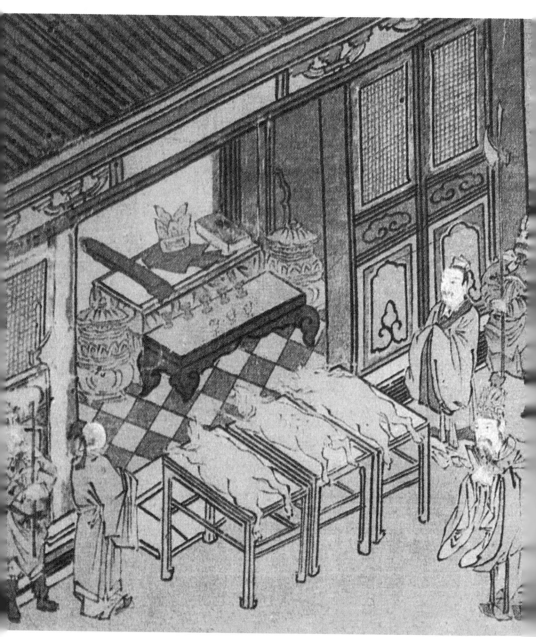

▲ 한고사로(漢高祀魯): 한(漢)나라 고조(高祖) 유방(劉邦)이 공자에게 제사를 올렸다는 고사를 그린 그림이다.

5. 지성선사(至聖先師)
공자의 교육 이념

    앞에서 이미 언급한 바와 같이, 정치 방면에서 공자는 춘추 시대에 고대의 예제(禮制)를 제창했던 사상가였으며, 복고적인 경향을 지니고 있었다. 그러나 교육 방면에서 공자는 오히려 시대를 앞서가는 사람이었다고 할 수 있다. 공자 이전 시대에는 학술과 교육을 주로 귀족 계층들이 장악하고 있었으므로 관부(官府)에서 교육을 담당했다. 하지만 공자 이후에는 대규모의 사학(私學) 교육이 날로 활발해지면서, 출신이 미천한 사람도 교육을 통해 지식을 얻으면, 더 높은 사회적 지위를 차지할 수 있었다. 마침내 전국 시대에 이르자 수많은 학파들이 생겨나 자신들의 학설을 주장하며 논쟁을 벌였는데, 선비들은 각자 자신의 학설에 근거하여 각 나라의 군주들을 방문하여 설파함으로써 국가의 정치를 장악했으며, 심지어 전체 천하의 형세를 좌지우지하기도 했다. 이러한 현상은 바로 공자가 그 단초를 열었다고 할 수 있다.

    공자는 관학(官學)의 농단을 타파하고, 최초로 교육 영역에서 출신에 의해 조성된 차별을 퇴치하려고 했다. 공자 자신의 출신이 비교적 빈한했는데, 학술적으로 큰 성취를 이루고 제자들을 널리 받아들이기 시작한 이후, 그는 역시 신분이 낮고 가난한 제자들을 배척하지 않았다. 『논어』 「술이(述而)」에서 기록하기를, "공자께서 말씀하길, '스스로 속

▲ 공자의 묘(墓)

수(束修) 이상의 예를 갖추고 온 사람에게 나는 가르침을 거절해 본 적
이 없다.[子曰: '自行束修以上, 吾未嘗無誨焉'.]"고 했다. 여기에서 '속수(束修)'
라는 말에 대해 그 동안 두 가지로 해석되어 왔는데, 첫째는 그것이 작
은 쇠고기 육포 묶음을 가리키는 것으로, 제자가 스승을 찾아뵐 때 올
리는 예물로 삼았다는 것이며, 둘째는 어린이가 성년이 될 때 치르는 예
식을 가리킨다는 것이다. 어느 것으로 해석하든, 둘 다 공자를 찾아뵙
고 스승으로 삼을 수 있는 문턱이 매우 낮았으며, 절대로 재산이 적다
는 이유로 공자로부터 거절당하는 경우는 없었음을 증명해 준다. 때문
에 공자의 제자들은 사회의 각계각층 출신들이 다 있었으며, 그 중에는

▲ 사인시좌(四人侍坐): 스승 공자를 모시고 앉아 있는 네 명의 제자들

물론 고관대작과 명문거족 사람들도 적지 않았는데, 노나라의 남궁경숙(南宮敬叔), 송나라의 사마우(司馬牛) 등이 바로 그런 사람들이었다. 그러나 그보다 훨씬 많은 사람들은 출신이 미천했는데, 예를 들어 안연(顏淵)은 누추하고 좁은 골목에서 살았으며, 죽은 다음에 속 널[棺]만 있고 겉 널[槨]은 없이 매장했을 정도로 궁핍했다고 한다. 또 민자건(閔子騫)은 목화솜으로 만든 옷 대신 갈대꽃으로 만든 옷을 입고서 추위를 견뎠으며, 중궁(仲弓)의 아버지는 '천민[賤人]'으로, 집안에 송곳을 꽂을 만한 땅도 없었다고 한다. 자로(子路)는 "변(卞) 지역의 야인[卞之野人]"이어서, "명아주 씨앗이나 콩 같이 형편없는 음식을 먹으면서도, 부모를 위해 쌀을 지고 백 리나 떨어진 곳을 갔으며[嘗食藜藿之實, 而爲親, 負米百里之外]", 원헌(原憲)은 노나라에 살았는데, 대문과 창문조차 변변치 않은 매우 허름

한 집에 살았다고 한다. 또 증삼(曾參)은 위(衛)나라에 살았는데, 옷이 다 해지고 얼굴에 붓기가 있었으며, 손발에 못이 박힐 정도였지만, 사흘 동안 밥을 짓는 불도 땔 수 없었다고 한다. 그 밖에도 수많은 사례들이 있는데, 이러한 기록들은 아마도 실제 상황을 과장했을 수는 있지만, 공자의 제자들의 곤궁하고 딱한 상황을 충분히 나타내 주고 있다. 만약 시대의 변천과 공자의 관대하고 포용적인 교육 이념이 아니었다면, 그들은 좋은 교육을 받을 기회를 갖기가 매우 어려웠을 것이다. 『논어』에서 공자는 이러한 이념을 "가르침이 있을 뿐 구분은 없다.[有敎無類]"(『논어』 「위령공」)고 했다. '類'는 사람의 무리를 비슷한 사람끼리 구분하는 것인데, 그 기준은 사람의 재능·학문·수양의 정도가 될 수도 있고, 출신과 가정환경이 될 수도 있다. 공자가 보기에 교육 영역에서는 '구분[類]'으로 인해 조성되는 불평등은 모두 제거해야 하는 것들이었다. 공자가 2천여 년 전에 제기한 이 이념은 오늘날 문명 세계의 보편적 원칙이 되었다.

교육을 할 때에 "가르침이 있을 뿐 구분은 없다"는 보편적 원칙과는 달리, 공자는 제자들과 교류할 때에는 다시 제자들 각 개인의 차이에 기초한 교육 방법을 많이 채용했다. 필경 제자들의 재능·학습 능력·성격·취미가 모두 다르므로, 그들을 구분하지 않고 두루뭉실하게 가르치면, 당연히 구체적인 맞춤식 교육만큼 효과를 거둘 수 없었을 것이다. 그러므로 공자는 언제나 이처럼 재능에 따라 가르치는 교육 방법을 사용한 것이다. 공자는 종종 제자의 특성에 맞추어 자기의 의견을 제시하는 데 뛰어났는데, 앞에서 우리는 공자가 다른 사람의 결점을 용납하지 못하는 자공의 단점에 대해 비판하는 장면을 목격했다. 그리고 자로의 용맹스럽고 거친 성격에 대해, 공자는 그에게 군자는 '의로움[義]'을 최고

▲ 대성문(大成門)

의 가치로 삼아야 한다고 일깨워 주어, 의로움 없이 용맹하지 못하도록
했다.[『논어』「양화」: "자로가 물었다. '군자는 용맹을 숭상합니까?' 공자께서 말씀
했다. '군자는 의(義)를 으뜸으로 삼는다. 군자가 용맹만 있고 의가 없으면 난(亂)을
일으키고, 소인이 용맹만 있고 의가 없으면 도적질을 한다.'(子路曰: '君子尙勇乎?'
子曰: '君子義以爲上. 君子有勇而無義爲亂, 小人有勇而無義爲盜.')"] 또한 그에게
전쟁과 같이 용력(勇力)을 다투어야 하는 상황에서도, 무모하거나 경솔
하게 용맹함을 내세우지 말아야 한다고 훈계하였다.[『논어』「술이」: "자로
가 물었다. '선생님께서 만일 군대를 통솔하신다면, 누구와 함께 하시겠습니까?' 공
자께서 말씀했다. '맨손으로 호랑이를 때려잡고 걸어서 강을 건너다가 죽어도 후회
하지 않는 사람, 나는 결코 그런 사람과는 함께 하지 않을 것이다. 임무를 맡으면
반드시 삼가고 두려워하며, 주도면밀하게 생각해서 일을 이루는 사람이어야 한다.'
(子路曰: '子行三軍, 則誰與?' 子曰: '暴虎馮河, 死而無悔者, 吾不與也. 必也臨事而

▲ **성문사과(聖門四科)**: 공자는 제자들을 교육하면서, 덕행(德行)·언어(言語)·정사(政事)·문학(文學) 등 네 가지 분야로 나누어, 제자들의 특성에 맞게 가르쳤는데, 이를 가리키는 말이다. 각 분야에 뛰 어났던 제자들과 함께 있는 공자를 그린 그림이다.

懼, 好謀而成者也.')"] 때때로 공자는 교육 대상의 개성에 따라 차별을 두 었는데, 같은 문제에 대해서도 서로 상반된 대답을 했다. 『논어』 「선진」 에는 다음과 같은 단락이 있다.

> 자로가 물었다. "옳은 말을 들으면 바로 실행합니까?" 공자께서 말씀하 시길, "아버지와 형이 계시니, 어찌 듣고 바로 실행하겠는가?"라고 하셨다. 염유(冉有)가 "옳은 말을 들으면 바로 실행합니까?"라고 묻자, 공자께서는 "듣는 대로 실행해야 한다."고 하셨다. 공서화(公西華)는 "자로가 옳은 말 을 들으면 바로 실행해야 하느냐고 묻자, 선생님께서는 '아버지와 형이 계 신다.'고 하셨는데, 염유가 옳은 말을 들으면 바로 실행해야 하느냐고 묻자,

▲ 십이철인상(十二哲人像): '십이철인'이란, 공자의 제자들 중 '성문사과'에 뛰어났던 열두 명의 제자들, 즉 민손[閔損, 자건(子騫)]·염옹[冉雍, 중궁(仲弓)]·단목사[端木賜, 자공(子貢)]·중유[仲由, 자로(子路)]·복상[卜商, 자하(子夏)]·유약[有若, 자약(子若)]·염경[冉耕, 백우(伯牛)]·재여[宰予, 자아(子我)]·염구[冉求, 자유(子有)]·언언[言偃, 자유(子游)]·전손사[顓孫師, 자장(子張)]·주희[朱熹, 원회(元晦)]이다(앞은 이름, 뒤는 자). 처음에 있던 안연(顔淵)이 빠지고, 나중에 유약과 전손사가 포함되었으며, 후대에 주희가 추가되었다.

선생님께서는 '듣는 대로 실행해야 한다.'고 하셨습니다. 저는 헛갈려서 여쭙고자 합니다."라고 말했다. 공자께서는 "염유는 물러서니 앞으로 나아가도록 하고, 자로는 앞서 나가는 사람이니 물러서도록 한 것이다." 라고 말씀했다.[子路問: "聞斯行諸?" 子曰: "有父兄在, 如之何其聞斯行之?" 冉有問: "聞斯行諸?" 子曰: "聞斯行之." 公西華曰: "由也問聞斯行諸, 子曰 '有父兄在', 求也問聞斯行諸, 子曰 '聞斯行之'. 赤也惑, 敢問." 子曰: "求也退, 故進之. 由也兼人, 故退之."]

자로와 염유가 순서대로 공자에게 같은 문제(옳은 말을 들으면 바로 행해야 하는가?)에 대해 물었는데, 공자는 두 사람에게 완전히 다른 대답을 했다. 자로에게 한 대답은, "해서는 안 된다. 아버지와 형제가 있으니, 우선 그들의 지시를 구해야 한다."는 것이었고, 염유에게 한 대답은 "마땅히 바로 실행해야 한다."는 것이었다. 동일한 문제에 완전히 다른 대답을 하자, 옆에서 듣고 있던 공서화가 매우 어리둥절해 하면서 공자에게 가르침을 청했다. 공자가 그에게 말하기를, 염유의 사람됨은 겸손하게 사양하며, 패기가 없고 연약해 보이기 때문에, 그에게는 격려를 해야 하고, 자로는 이와는 정반대로 경솔하고 충동적이기 때문에 진정시켜야 한다고 했다. 제자의 성격과 기질의 차이에 따라 좋은 방향으로 유도하기 위해, 서로 다른 방안을 제시했는데, 이는 바로 공자의 '재능에 따라 달리 가르친다'는 사상의 좋은 사례이다.

앞에서 언급했듯이, 공자 자신이 배우는 것을 아주 좋아한 사람이었기 때문에, 그가 어떻게 학습을 하여 지극한 깨달음을 얻었는지에 관한 기록이 매우 많다. 즉 『논어』 및 다른 저작들에 기재된 내용 중에는 공자가 학습에 대해 언급한 문장들이 수두룩하다. 그 가운데 상당수는 후대의 학문을 하는 사람들이 귀에 익어서 자세히 말할 수 있는 것들이다. 공자는 잠언(箴言)의 대사(大師)라고 할 만한데, 그의 말은 종종 짧아도 함축된 의미가 매우 깊고 넓다. 예를 들어 『논어』 「술이」에는 다음과 같은 문구가 있다.

공자께서 말씀했다. "세 사람이 길을 가면 반드시 나의 스승이 있다. 그 선한 사람을 가려서 따르고, 선하지 못한 사람을 가려서 잘못을 고쳐야 한다."[子曰: "三人行, 必有我師焉. 擇其善者而從之. 其不善者而改之."]

▲ 복성전(復聖殿): 공자의 고향 곡부(曲阜)에 있는 안회(顔回)의 사당인 안묘(顔廟)의 주건물로, 안회
의 위패가 모셔져 있다. '복성(復聖)'은 안회의 존호(尊號)이다.

　여기에서 말하고 있는 것은, 학문뿐만 아니라 수신(修身)도 포함되어
있다. 공자는 제자들에게 일상생활 과정에서도 때때로 학습하는 것을
잊지 말아야 하며, 주변의 재주 있는 사람이나 사건들 중에서 귀감이
될 만한 장점과 그것을 통해 스스로 자신을 반성할 단점을 찾아야 한다
고 훈계했다. 이 밖에도 공자는 "아래 사람에게 물어보는 것을 부끄러
워하지 않는[不恥下問]" 태도를 찬양했다. 그러면서 또한 신분이나 지위
가 현격하게 차이가 있다고 해서, 다른 사람이 가르침을 청하는 것을 소
홀히 해서는 안 된다고 했다. 『논어』「옹야(雍也)」에는 다음과 같은 문장
이 있다.

공자가 말씀했다. "아는 사람은 좋아하는 사람만 못하고, 좋아하는 사람은 즐기는 사람만 못하다."[子曰: "知之者不如好之者, 好之者不如樂之者."]

여기에서 대비시키고 있는 것은 세 가지 학습 태도인데, '아는 것[知]'은 피동적인 인식이며, '좋아하는 것[好]'은 편애하는 것이며, '즐기는 것[樂]'은 그것을 즐거움으로 삼아, 그 안에서 향유하는 것이다. 분명히 지식을 연마하는 것이든 인격 수양을 하는 것이든, 열정을 투입하여 그것들을 배양(培養)하기를 좋아해야만, 비로소 더 뛰어나게 진보할 수 있다. 이 방면에서는 공자 그 자신이야말로 가장 좋은 본보기인데, 그는 『역(易)』을 읽을 읽으면서, 가죽 끈이 세 번이나 끊어질 정도로 열중했다고 한다. 또 '소(韶: 순 임금이 만들었다는 음악)'라는 음악을 좋아하여, 3개월 동안이나 고기 맛을 알지 못했다고 한다. 게다가 그는 만년에 이르러서도 여전히 "발분(發憤)하여 밥을 먹는 것을 잊었고, 즐거워하면서 걱정을 잊어, 늙음이 다가오는 것도 알지 못했다.[發憤忘食, 樂以忘憂, 不知老之將至.]" 『논어』「자한」에는 다음과 같은 내용이 있다.

공자께서 말씀했다. "(학문하는 것은) 비유하건대 산을 쌓는 것과 같으니, 산을 쌓을 때에, 마지막 흙 한 삼태기가 부족하다고 해서 완성하지 못하고 중지한 것도 내가 그만둔 것이다. 비유하건대 땅을 고르는 것과 같으니, 땅을 고를 때에, 흙 한 삼태기를 쏟아 부어 진전한 것도 내가 나아간 것이다."[子曰: "譬如爲山, 未成一簣, 止, 吾止也. 譬如平地, 雖覆一簣, 進, 吾往也."]

흙을 쌓아 산을 만들다가 중간에 그만두게 된 것이, 설령 한 삼태기의 흙이 부족해서였다 하더라도, 바로 이 때문에 실패하는 것이다. 이와는 반대로, 산을 깎아 평지로 만드는 데에, 설령 단지 한 삼태기만큼의 흙을 파냈더라도, 계속 노력하기만 하면 완성할 수 있는 희망이 있다. 이 말이 권장하고자 하는 것은, 학습하는 과정에서 끈기를 가지고 지속해 나가며, 조금도 나태하지 않는 정신이다. 전국 시대의 순자(荀子)는 공자의 이 사상을 계승 발전시켜서, 다음과 같은 유명한 권학문(勸學文)을 썼다. "반 걸음이 쌓이지 않으면 천 리를 갈 수 없고, 작은 시냇물이 쌓이지 않으면 강과 바다가 생길 수 없다. 준마(駿馬)라도 한 번 뛰어 열 걸음을 갈 수 없으며, 둔한 말이라도 열흘을 간다면 천 리를 갈 수 있으니, 공업(功業)이 이루어지는 것은 그만두지 않는 데에 달려 있다. 칼로 자르다가 중단하면 썩은 나무조차 자를 수 없으며, 중단하지 않는다면 쇠나 돌도 자를 수 있다…….[不積蹞步, 無以至千里, 不積小流, 無以成江海. 騏驥一躍, 不能十步, 駑馬十駕, 功在不舍. 鍥而舍之, 朽木不折, 鍥而不舍, 金石可鏤…….]"

『논어』「위정(爲政)」에는 또한 다음과 같은 말이 있다.

　　공자께서 말씀했다. "배우기만 하고 생각하지 않으면 남는 것이 없으며, 생각하기만 하고 배우지 않으면 위태롭다."[子曰: "學而不思則罔, 思而不學則殆."]

학습에는 당연히 중도에 포기하지 않는 인내력이 있어야 하지만, 피동적인 기계처럼 받아들이기만 하는 것은 좋은 학습 습관이 아니다. 공

▲ 행단(杏壇): 공자는 은행나무[杏木]로 만든 단(壇) 위에서 제자들을 가르쳤다고 하는데, 그 행단이 있던 곳에 비석을 세워 기념하고 있다. 오늘날에는 이 '행단'이 학문의 전당을 비유적으로 표현하는 말로 쓰인다.

자가 존경을 받는 것은 학습과 개인의 생각을 한데 결합하여, 배운 것을 자주적으로 확장하고 심화시킴으로써, 하나를 배우면 열을 알 수 있도록 했기 때문이다.(『논어』 「술이」) 그리고 안연이 공자로부터 높은 평가를 받고, 자공과 같은 동료 제자들로부터 존경을 받았던 것도, 공자에게 전수받은 도리에 대해 "그가 물러간 뒤에 그의 사사로운 언행들을 살펴보면 역시 공자의 뜻을 충분히 발휘하고 있었고[退而省其私, 亦足以發]", 또한 "하나를 들으면 열을 알았기[聞一以知十]" 때문이다.(『논어』 「공야장」)

▲ 행단 예악(禮樂)

『논어』「양화」에는 다음과 같은 내용이 있다.

　　공자께서 말씀했다. "유(由)야, 너는 육언(六言)과 육폐(六蔽)를 들었느냐?" (자로가) 대답했다. "아직 듣지 못했습니다." "앉거라. 내가 너에게 말해 주겠다. 어짊[仁]을 좋아하면서 배우기를 좋아하지 않으면, 그 폐단은 어리석음이며, 지혜[知]를 좋아하면서 배우기를 좋아하지 않으면, 그 폐단은 방탕함이며, 믿음[信]을 좋아하면서 배우기를 좋아하지 않으면, 그 폐단은 해침이며, 정직[直]을 좋아하면서 배우기를 좋아하지 않으면 그 폐단은 급함이며, 용맹[勇]을 좋아하면서 배우기를 좋아하지 않으면, 그 폐단은 어지러움이며, 강직함[剛]을 좋아하면서 배우기를 좋아하지 않으면, 그 폐단은 경솔함이니라."[子曰: "由也, 女聞六言六蔽矣乎?" 對曰: "未也." "居! 吾語女. 好仁不好學, 其蔽也愚. 好知不好學, 其蔽也蕩. 好信不好學, 其蔽也賊. 好直不好學, 其蔽也絞. 好勇不好學, 其蔽也亂. 好剛不好學, 其生也狂."]

▲ 산동(山東) 곡부(曲阜)에 있는 공묘(孔廟)의 건물들

이 대화는 '배움[學]'이 공자의 사상 체계에서 차지하는 지위를 구체적으로 나타내 주고 있다. 『논어』「자장(子張)」에서 이르기를, "모든 장인(匠人)들은 그 작업장에서 그 일을 이루어 내고, 군자는 학문으로써 그 도를 달성한다.[百工居肆以成其事, 君子學以致其道.]"고 했는데, 이 말은 비록 제자인 자하가 했지만, 공자의 사상에 대한 표현이라고 볼 수밖에 없다. 공자는 '배움'이 목적 그 자체가 될 수는 없으며, 군자가 '도(道)'를 탐구하고 실현하는 통로라고 보았다. 위에서 언급했던 말들 가운데 어짊[仁]·지혜[知]·믿음[信]·정직[直]·용맹[勇] 등과 같은 우수한 자질들은 군자가 수양하는 목적들인데, 이러한 자질들은 학습을 통해 배양하고 유지해 나가야만, 왜곡되거나 심지어 변질되는 것을 피할 수 있다. 여기에서 알 수 있는 것은, '배움'은 비록 공자의 도덕 학설과 상호 보완적이었

지만, 그 가치는 결코 그것과 대등할 수 없었다는 점이다. 이것은 공자가 '학문(學文)'('文'은 공자 시대에는 학술을 지칭했다.)을 효(孝)·제(弟)·신(信)·인 (仁) 같은 것들의 뒤에 두어, 여력이 있어야 종사할 일이라고 보았던 원인 이다.[『논어』 「학이(學而)」: "공자께서 다음과 같이 말씀했다. '젊은이는 집에 들어 와서는 효도하고, 밖에 나가서는 공손해야 하며, 신중하고 신의가 있어야 하며, 널 리 많은 사람들을 사랑하되 어진 사람을 가까이 해야 한다. (이와 같이 행하고도) 남는 힘이 있다면, 글을 배워라.'(子曰: '弟子入則孝, 出則弟, 謹而信, 汎愛衆 而親 仁. 行有餘力, 則以學文.')"] 당연한 말이지만, 유가의 일관된 특징은 적극 적으로 세상을 위해 쓰이는 것인데, 이는 공자에서 비롯된 것이다.

학술이나 종교 영역에서 자신만의 종파를 세울 수 있었던 사람들에 게는 모두 자신을 추종하는 많은 제자들이 있었다. 제자들은 창시자로 부터 배우고 계승 발전시키면서 그 사상을 전파하는데, 이 점은 공자도 예외가 아니었다. 공자는 후세(명나라—옮긴이)에 "지성선사(至聖先師)"라 고 불리게 되었는데, '사(師, 스승)'는 그의 숭고한 지위에서 빠트릴 수 없 는 한 측면이니, 공자는 중국 고대 최초의 위대한 교육자라고 할 수 있 다. 교육이 공자의 마음속에서 얼마나 중요한 의의가 있었는지에 대해, 우리는 그 자신의 말에서 어렵지 않게 찾아볼 수 있다. 『논어』 「술이」에 서 공자는 "묵묵히 깊이 깨닫고, 배움에 싫증을 내지 않고, 사람을 가르 치는 데 게을리 하지 않는 것, 이 중 어느 것이 나에게 있는가?[黙而識之, 學而不厭, 誨人不倦, 何有於我哉?]"라고 했으며, 또한 "덕(德)을 닦지 못하 는 것, 학문(學文)을 연구하지 못하는 것, 의행(義行)을 듣고도 실천하지 못하는 것, 착하지 않은 행위를 고치지 못하는 것, 이것이 나의 근심이 다.[德之不修, 學之不講, 聞義不能徙, 不善不能改, 是吾憂也.]"라고 했다. 이 두 마디 말에서 공자는 겸손하거나 걱정하는 말투로 그의 이상을 나타내고 있는데, 그 가운데 교육(다른 사람을 가르치는 것과 학문을 닦고 연구하는 것)은 도덕 수양과 마찬가지로, 시종일관 그가 몰두한 것이다. 공자의 일생은 정치 활동에서는 결코 성공했다고 할 수 없지만, 교육 방면에서는 오히려 최고의 성공을 거두었다고 할 수 있다.

찾아보기